新 悦

失落文明系列简介

本系列丛书意图探索伟大的古文明的兴衰和古代世界人们的生活。每本书不仅涉及所述文明的历史、艺术、文化和延续至今的影响，还试图解释它们与当代生活的联系以及在当代社会中的重要意义。

该系列已出版

《古希腊人：在希腊大陆之外》

　　[英]菲利普·马特扎克（Philip Matyszak）

《六千零一夜：关于古埃及的知识考古》

　　[英]克里斯蒂娜·里格斯（Christina Riggs）

《从历史到传说：被"定义"的哥特》

　　[英]戴维·M.格温（David M.Gwynn）

《携带黄金鱼子酱的居鲁士：波斯帝国及其遗产》

　　[英]乔弗里·帕克（Geoffrey Parker）
　　[英]布兰达·帕克（Brenda Parker）

《蛮族世界的拼图：欧洲史前居民百科全书》

　　[波]彼得·柏伽基（Peter Bogucki）

《众神降临之前：在沉默中重现的印度河文明》

　　[英]安德鲁·鲁宾逊（Andrew Robinson）

《鸵鸟蛋、黑陶与铜肝：神秘的伊特鲁里亚人》

　　[英]露西·希普利（Lucy Shipley）

《楔形传说：被"建构"的苏美尔》

　　[英]保罗·柯林斯（Paul Collins）

The Sumerians

楔形传说

被"建构"的苏美尔

Paul Collins

［英］保罗·柯林斯　著

曹磊　译

中国社会科学出版社

苏美尔年表

公元前 6000—前 4000 年前后   欧贝德文化期

公元前 4000—前 3800 年前后   乌鲁克（Warka/Uruk）文化早期

公元前 3800—前 3500 年前后   乌鲁克文化中期

公元前 3500—前 3100 年前后   乌鲁克文化晚期，原始楔形文字（Proto-cuneiform）此时很可能已出现在乌鲁克

公元前 3100—前 2900 年前后   杰姆代特奈斯尔文化时期，原始楔形文字在美索不达米亚（Mesopotamia）南部的众多城市流传和使用

公元前 2900—前 2350 年前后   早王朝时期[1]

公元前 2800 年   古朴楔形文字诞生在苏美尔的乌尔城

---

[1] Early Dynastic period，又称古苏美尔时期，此时的苏美尔文明已进入奴隶城邦制阶段。

公元前 2500 年	开始出现苏美尔语的王室铭文和政府文献，一些阿卡德语（Akkadian）文献也出现在同一时期
公元前 2350—前 2150 年前后	阿卡德（Agade/Akkad/Akkade）王朝时期
公元前 2150—前 2100 年前后	拉格什王朝时期，此时出现的古地亚圆柱铭文可能是已知最古老的苏美尔语文献
公元前 2110—前 2000 年前后	乌尔第三王朝时期，苏美尔语作为一种已经消亡或正在消亡的语言，成为王朝的官方语言；“苏美尔和阿卡德[1]的王”（Šar mat Šumeri u Akkadi）这一王室头衔问世，多部文学作品被创作出来，其中包括《吉尔伽美什》
公元前 2000—前 1600 年前后	古巴比伦（Babylonian）王朝时期，苏美尔语成为已经死亡的语言，学校里的书记官学员抄写复制了

---

[1] Akkadian，阿卡德人属于闪米特人种的一支，生活在美索不达米亚南部，后建立阿卡德王国。

	某些乌尔第三王朝时期的文献，新的文学作品被创作出来，苏美尔王表得到复制和增补
公元前 1500—前 1150 年前后	加喜特王朝时期，古代神庙得到发掘和重建，苏美尔语成为纯文学语言
公元前 950—前 610 年	新亚述时期
公元前 669 年前后—前 630 年	亚述巴尼拔阅读苏美尔语文献
公元前 610—前 539 年	新巴比伦王朝时期
公元前 539—前 311 年	波斯阿契美尼德王朝时期
公元前 331—前 141 年	塞琉古王朝时期[1]
公元前 141—公元 224 年	帕提亚王朝时期[2]
公元 75 年	已知年代最晚的楔形文字出现
公元 224—641 年	萨珊王朝时期[3]
公元 641—661 年	四位正统哈里发统治时期[4]

---

[1] Seleucid Empire，亚历山大帝国崩溃后，他的部将塞琉古创建的以叙利亚为中心的古代帝国。
[2] Parthian Empire，即中国古代文献记载的安息帝国，以今伊朗为中心。
[3] Sasanian Empire，最后一个前伊斯兰时代的古波斯王朝，后被阿拉伯帝国灭亡。
[4] Rashidun Caliphate，又称四大哈里发，他们是先知穆罕默德逝世后的四位继任者。

公元 661—750 年	倭马亚王朝时期[1]
公元 750—1258 年	阿拔斯王朝时期
公元 1258 年	蒙古大军攻陷巴格达（Baghdad）
公元 1401—1508 年	土库曼黑羊王朝和白羊王朝[2]统治美索不达米亚
公元 1508—1638 年	萨非王朝时期
公元 1638—1918 年	奥斯曼土耳其帝国（Ottoman Empire）时期
公元 1747—1831 年	马穆鲁克统治时期，英国维多利亚时代的科学家提出了关于种族划分的一系列理论，这套理论随后被某些人用来支持殖民主义和奴隶制的合法性
公元 1845—1914 年	数千件苏美尔文明古物被装船运往伊斯坦布尔（Istanbul）、伦敦、巴黎、柏林、芝加哥和费城（Philadelphia）等地
公元 1849—1890 年	苏美尔语和阿卡德语被发现

---

[1] Umayyad Caliphate，阿拉伯帝国的第一个世袭制王朝。

[2] Black and White sheep Turkmen，古代土库曼人建立的部落联盟。

公元 1914 年	英国人入侵并占据美索不达米亚
公元 1920 年	伊拉克爆发反抗英国殖民的起义
公元 1921 年	伊拉克王国建立
公元 1922—1939 年	数千件苏美尔文明古物被装船运往伦敦、芝加哥、牛津（Oxford）和费城
公元 1924 年	格特鲁德·玛格丽特·罗蒂安·贝尔[1]制定的《文物法》获得采纳
公元 1926 年	巴格达考古博物馆（Baghdad Antiquities Museum）正式开放
公元 1932 年	英国承认伊拉克王国独立
公元 1941 年	英国入侵并占领伊拉克
公元 1958 年	七月革命爆发
公元 1966 年	位于巴格达的伊拉克博物馆正式开放
公元 1968 年	阿拉伯复兴社会党（Ba'ath Party）夺取伊拉克政权
公元 1974 年	伊拉克《文物法》明确禁止对从

---

[1] Gertrude Margarita Lowthian Bell, 1868—1926 年，英国冒险家、作家和外交家，英国中东问题的权威专家。

	同一处古迹中发掘得到的文物进行拆分收藏
公元 1979 年	萨达姆·侯赛因（Saddam Hussein）成为伊拉克总统，在美国主导的势力入侵前，夺取该国诸多战略要点的控制权
公元 2003 年	美国主导的势力入侵并占领伊拉克，劫掠伊拉克博物馆
公元 2014—2017 年	伊拉克爆发内战，击溃巴格达以北地区的伊斯兰国极端组织和基地组织（isis/Da'esh）
公元 2019 年	伊拉克博物馆恢复全周无休开放

目　录

图 1　镌刻有《苏美尔王表》的黏土棱柱体，问世于公元前 1800 年前后

第1章 缘起

> 王权从天而降，降临在埃利都[1]。
>
> 王朝开创者阿卢利姆[2]在埃利都加冕为王，他的统治延续
> 了 28800 年[3]。1

苏美尔王表的最初几行，作了如上陈述。

苏美尔王表目前有多个版本存世，然而流传范围最广，同时也是保存最完整的版本，却被收藏在距离它的诞生地数千千米以外的牛津大学阿什莫林博物馆（Ashmolean Museum）。王表的载体是一小块黏土，体量大致相当于现在的砖头。依照它的形状，这块黏土被相关领域的专家称为"棱柱体"（prism）。

"棱柱体"内部，从头到尾，贯穿着一个长度与其相等的孔洞。这意味着它原先可能是被竖直插在一根木棍上，以便读者阅读。"棱柱体"的四面镌刻着按两栏格式排列，用楔形文字撰写的苏美尔语铭文。参考文本内容提供的信息，这份传奇王表问世的时间可以追溯到公元前 1800 年。

关于王表的准确诞生地点，目前所知甚少。1923 年，赫伯

---

[1] Eridu，意思为"强大的地方"，位于幼发拉底河入海口附近，它是苏美尔人建立的第一座城市，也是苏美尔神话传说中，全世界的第一座城市。

[2] Alulim，苏美尔传说中的第一位国王。

[3] 苏美尔人的时间单位与现在不同，古代苏美尔的 28800 年实际相当于现在的 8 年。

特·韦尔德·布伦戴尔[1] 将这块黏土棱柱，连同其他若干件楔形
文字泥板文书，一并交给阿什莫林博物馆收藏。前者则是在前不
久，从伊拉克转手购得了这件实际可能是在拉尔萨古城[2] 出土的藏
品（相关细节本书后文有详细介绍）。伊拉克南部平原零星分布着
几千处与拉尔萨古城相似的遗址，它们在当地阿拉伯人的口口相传
中，往往被笼统地称为"土墩"（tell），拉尔萨古城只是众多"土墩"
中的一个。

王表开列了若干城邦的名称，介绍了城邦统治者的履历，以
及他们的在位时间。不过这份王表讲述的历史，并非通常意义上的
"历史"，而是一种神话传说与历史事件难分彼此的复合体。2 王表
本身称得上是一件出自专业学者之手的杰作。学识渊博的讲述者，
不露声色地将他们那个时代的政治权利意识与古老的王权起源神话
相互融合、构建在了一起。[3]

编纂这份王表的意图似乎是要暗示古代美索不达米亚（这个区
域大致包括今天的伊拉克和叙利亚南部）的合法统治权，只能在某
个特定的时间，降临到某个特定的城邦，随后又在特定的周期内得

---

［1］　Herbert Weld-Blundell，1852—1935 年，英国旅行家和考古学家。

［2］　Larsa/Tell as-Senkereh，与埃利都都是苏美尔文明早期的五大城邦。

［3］　作者此处使用了知识考古学的理论，也就是说，一切历史都是当代史，任何历
史文本的构建，必然以构建者自身的知识以及他所处的社会语境为基础。

到延续，所有这一切都取决于诸神的意志。对于编纂王表的那些学者而言，这个故事的起点就在埃利都。

如今的埃利都古城，屹立在伊拉克南部幼发拉底河（Euphrates）以西大约35千米，黄沙漫天、平淡无奇的荒漠戈壁当中。6000年以前，幼发拉底河和底格里斯河（Tigris）汇入波斯湾（Persian Gulf）的入海口，却在比今天更偏北的地方。这片土地上的城镇周围环绕着芦苇茂密的湿地、肥沃的淤积平原，以及连接大海的纵横河网。生活在那里的人们，泛舟捕鱼，放牧牛羊，种植小麦、大麦、苹果、无花果和椰枣[1]等作物。埃利都依托美索不达米亚南部，底格里斯河和幼发拉底河水系冲积而成的广阔平原，因河而兴，成了当地城市网格中的一个重要节点。

早在公元前2500年，古代美索不达米亚文献便将埃利都和主神恩基[2]联系了一起，后者的神庙就在埃利都。恩基作为掌管淡水的神，顺理成章获得了生杀予夺的权力。与此同时，他还被奉为神圣智慧的源头。开天辟地的伟大时刻，恩基创造了文明。所谓"文明"，换言之，就是诸王对尘世的统治。古代美索不达米亚的学者认为，追溯历史，为某些重要事件寻找起源，对于理解他们身处的

---

[1] date palms，椰枣树的果实，中国市场上的椰枣，最早多数进口自伊拉克，因此又被俗称为伊拉克蜜枣。过去数千年美索不达米亚南部地区最主要的经济作物。
[2] god Enki，苏美尔神话中的水神和智慧之神。

当下社会，具有非常重要的意义[1]。

追溯起源，对人类而言，是个老生常谈的话题。报刊文章、各类书籍、电视节目，乃至博物馆的展览，无一不在反复印证着我们对起源的痴迷。这种痴迷可以具体表现为寻找最古老的人类祖先，探求最久远的农耕文明，搜寻全世界的第一座城市、第一种文字，乃至认定人类历史上最悠久的艺术形式等。在时间长河中，这些具有里程碑意义的重要节点，从某种程度上，既可以被放在人类漫长历史的语境中加以解读，也可以在当今社会的语境中被赋予新的意义，从而为我们思考现实生活中的某些问题提供相应的参照。

类似这样的思路，通常也会存在很大的风险，因为对于某种"起源"貌似明确的追溯，同时必然伴随以"语义学"为基础的无尽纷扰[2]。比如说，我们口中诸如"城市"、"文字"和"艺术"之类的概念，究竟应该如何定义？再比如说，某件事物的起源，到底应该如何得到准确认定？对于当代多数历史学家而言，历史是一个相当复杂的演进过程，而非仅仅是一系列"起源"或者某些具体事

[1]　即知识考古学所说的，通过构建历史，为现实提供合法性。
[2]　按照知识考古学的观点，一套词语的背后必然伴随一套相关的"语境"，即便同一个词语，在不同的"语境"中，也会有不同的实际含义，读者可参考福柯的《词与物》。

件前后相继的直线串联。[1]

毋庸置疑，对于"起源"的痴迷仍将继续。这种痴迷，往往又会引发对有关"文明"如何兴起的无穷追问。问题在于，"文明"通常又是一个很难明确界定的概念。有关它的定义，往往会被量化为一份罗列着某些科技和艺术成就的清单（至于哪些成就能够名列其中，则取决于谁来开具这张清单），也可以被理解为在某个特定历史阶段，社会文化方面的发展。

人们曾经认为，现在也经常认为，某个社会或地域是否"文明"，主要取决于它所创造的社会文化和社会结构达到了怎样的发展水平。对于社会发展水平的判断，则大多以西方世界为标尺。后者一般被视为最复杂的社会形态，也就是"最高级"的社会形态。

幸运的是，人类历史上，这种由"语义学"所引发的矛盾，并非总能得到清醒的认知，进而妨碍同时期的历史讲述者建构他们的历史。于是，正如我们将要看到的那样，对于某些概念的"自以为是"，将会对苏美尔人理解和想象这个世界，产生深远的影响。[2]

古代美索不达米亚的历史再次告诉世人，很多时候，追忆"过

---

[1] 此处体现了新历史主义对于传统进化论线性史观的批判反思，读者可参考王德威的《没有晚清，何来五四》。
[2] 作者在此处阐释了一个知识考古学的命题，也就是说，每个人认识世界的基点，往往同时也会成为他的盲点。

去"的目的，往往是为"现在"服务。身在"西方"（即便如此简单的一个定义，背后同样存在着非常复杂的张力）的我们，经常会将历史上的其他文明和民族视为"他者"，然后通过"'他者'如何影响和塑造了西方文明"的思维方式，将他们纳入我们自己编织的那套历史叙事和身份认同当中。

　　某些古代文明，例如古希腊和古罗马文明，始终被认为在西方文明的演进过程中扮演了重要角色。14 世纪文艺复兴运动，作为现代西方文明的起点，则重新"发现"[1]了这两种古代文明。尤其是在美学和政治领域，它们被奉为完美和秩序的体现。

　　有别于这两种从未失落过的古代文明，其他的所谓"失落文明"，比如古埃及文明，也可以通过西方探险家和考古学家的努力重见天日，进而在我们当今的社会生活中，占据与上述两者同等重要的地位。重新回归历史视野的古埃及文明，凭借象形文字、金字塔、木乃伊之类的故事和传说，以一种令人痴迷，同时又八面玲珑的东方"他者"形象，呈现在世人面前。只不过，这个"他者"形象的确立，同样基于西方人的文化想象。3

　　美索不达米亚曾经存在过的那些古代文明，虽然从未被赋予过如此重要的意义，却依然在西方主流文化的构建过程中发挥着自

---

[1] rediscovered，原文即带引号，按照知识考古学的理论，西方文艺复兴运动对古希腊和古罗马的再发现，实际是一种以同时期语境为基础的再解读。

身的独特作用。就像古希腊人、古罗马人和古埃及人一样，这个地区的某些古代族群，比如亚述人[1]和巴比伦人，从来就没有真正淡出过我们的视野。他们发出的声音，始终回荡在《圣经》和其他古典世界[2]文本的故事讲述当中，随后又借助古代西方、阿拉伯和波斯的相关文本，得到间接阅读和传播。相比之下，由于语言的局限性，古代亚述人和巴比伦人留下的原始文本，则只能在较小的范围内流传。

按照欧洲人原先的文化想象，生活在美索不达米亚北部的亚述人不过是《圣经》故事里欺压犹太人的罪魁祸首。[3]同时期的美索不达米亚南部，则被描绘为犹太先知亚伯拉罕（Abraham）的故乡，还是通天塔[4]的所在地。4

公元19世纪，位于尼姆鲁德[5]和尼尼微[6]两地的亚述王宫遗址被发现，当时的英国人认为，古代亚述文明取得的辉煌成就，与维多利亚时代的工业和科技进步，存在某种古今呼应的关系。置身于这样的时代语境中，伦敦海德公园（Hyde Park）的阿尔伯特

---

[1] Assyrian，亚述人是古代闪米特人的一支，起源于今伊拉克摩苏尔地区。
[2] classical world，这个概念在西方专指古希腊和古罗马文明。
[3] 历史上的犹太人曾被亚述人征服，并接受他们的统治。
[4] Tower of Babel，按照《圣经·旧约》的记载，人类最早的时候都生活在一个地方，只讲一种语言，他们决定造一座能通天的塔，大家住在里面，再也不分开。
[5] Nimrud，位于今伊拉克摩苏尔附近，2015年遭到"伊斯兰国"组织破坏。
[6] Nineveh，位于今伊拉克摩苏尔附近，古代亚述王国的都城。

纪念碑[1]才会以铭文的形式，将公元前 700 年前后营造王城尼尼微的亚述国王辛那赫里布（King Sennacherib），颂扬为现代工程学的先驱。

　　大概 150 年以前，包括西方人在内，世人其实对古代苏美尔人一无所知，直到位于伊拉克和叙利亚的古代遗迹、文献得到发掘整理。话虽如此，但是单纯凭借故事和传说去想象古代苏美尔人到底是什么样，他们来自哪里，相貌如何，仍然是一项很难完成的任务。我们对苏美尔文明的想象和阐释，因此也就无法达到古埃及文明那样的高度，后者与西方思想之间，毕竟存在着相对悠久的历史渊源。更何况，苏美尔人也没有留下类似金字塔那样可以穿越时空，为我们的想象提供参照的传世建筑。

　　苏美尔人的首次被"发现"，是在 19 世纪下半叶。依靠欧洲列强的强大军力，这个时期的西方探险家、外交家、商人和学者，可以在美索不达米亚任意徜徉，记录他们的所见所闻。出于自身爱好或者为博物馆搜罗藏品的目的，他们还能够随心所欲地将当地文物带回故乡。

　　西方人从自身立场出发，认为当代中东地区的众多东方民族，在很大程度上，与曾经生活在这片土地上的那些古代族群风

---

[1]　Albert Memorial，1865 年，维多利亚女王为纪念去世的丈夫而修建的。

马牛不相及。后者在《圣经》以及其他古典文献中的形象，反倒跟欧洲人存在很多相似性。于是，这些古代族群，以及他们留下的那些建筑遗迹和艺术品，便被顺理成章地划入了西方文明的范畴。[5]

凭借军事和经济实力的支持，欧洲列强可以在世界各地肆意搜罗文物，侵占古迹，还能让那些绵延至今的古国沦为自己的殖民地。诸如此类的行为，往往会以战争和宗主权作为遮羞布。欧洲人来到中东以后，最初的身份通常是商人和军事顾问，再后来，就变成了侵略军。在殖民大军的行列当中，经常还有考古学者混杂其间或尾随其后。这些人的研究视角，大多以当时刚刚成型的种族理论为立脚点。

随着古代苏美尔文物的不断出土并得到研究，这种文明形式被越发深入地吸纳进了有关西方文明起源的话语当中。

20 世纪的多数时间，各国列强以及各种理念相互冲突，给世界带来了一场又一场难以想象的血腥战争。与此相反，古代苏美尔人似乎是一个热爱和平的民族，终日醉心于修建城市、书写文字和发明车轮，除此之外，再没有留下别的东西。他们所采取的社会体制，在某种意义上，甚至可以被视为民主政体的最早实践。1963 年，古代苏美尔语言和文字研究领域的杰出学者塞缪尔·克雷默[1]，就曾言之凿凿地将这个古代民族描绘为：

> 苏美尔人的进步，不仅表现为物质丰富和技术先进，同时还体现在他们的理想、信念和价值观方面。显而易见，苏美尔人拥有睿智的头脑，他们在自己那个时代的认知基础上，对生活秉持一种务实的态度，很少被梦幻、奢望或迷信蒙住双眼。6

任教于宾夕法尼亚大学的塞缪尔·克雷默，可能还对那些文科专业的高才生们讲过诸如此类的观点。这套溢美之词算不上特别夸张，但塞缪尔·克雷默将苏美尔人视为热爱和平、学识渊博的古代民族，同时还将苏美尔文明视为现代文明社会诸多特质终极源头的做法，却极具前沿性，同时也极具迷惑性。

2010 年，在一项追溯西方文明源头的研究中，历史学家理查德·迈尔斯[2]就将自己的目光聚焦在 6000 年前。

---

[1]　Samuel Kramer，美国宾夕法尼亚大学教授，他将苏美尔文明视为整个人类文明的起点。

[2]　Richard Miles，悉尼大学古典学教授，代表作《古代世界》。

当那几位来自不同苏美尔部族的首领们意识到，如果他们的部族或多或少实现一定程度的联合，那么大家的财富和未来，就将得到进一步的保证。[7]

这样一来，

当其他民族还在依靠原始农业挣扎求生时，雄踞美索不达米亚南部的苏美尔人便已享受到了文明城市生活所带来的便利，当然，他们也需要面对与此相伴的很多问题。[8]

基于上述前提，今天的人们将苏美尔人想象为一个与众不同的族群。这个族群大致生活在公元前3500—前2000年的伊拉克南部，他们说同样的语言，拥有共同的文化。苏美尔人生活的这片土地上，诞生了全世界最早的城市，也孕育了最古老的文明。他们发明了文字，建立了复杂的政治、建筑和农业体系，还开创了天文学和数学。古代苏美尔人的成就为美索不达米亚的后续文明奠定了基础，影响了辽阔中东地区的诸多国家。他们的文明是现代文明的起源，同时也是现代城市生活的起源。

图 2　2009 年，葡萄牙第 7 届佩拉国际沙雕节上的苏美尔人塑像

　　本书所要讲述的故事，是我们如何将苏美尔人的历史和文化打造成现在这个样子。苏美尔人其实从未被世人简单地"遗忘"过，正如他们从未被简单"发现"过一样。从古到今，这个古代族群只不过是被我们反复"解读"了若干次，每次"遗忘"和"发现"的背后，都存在着与之相匹配的特定时代语境。从某种意义上说，围绕苏美尔人形成的那套"话语"，是古代故事和现代神话互相结合的产物。

　　正如现在已经知道的那样，对于历史所谓客观、真实的描述，从来就没实际存在过。所谓的"历史"，不过是一套又一套前后相继的"话语"，每套"话语"无可避免地都要受自身所处文化和时代语境的制约。通过梳理过去 150 年当中，考古学家、艺术史家、语言学家，乃至其他相关领域专家针对苏美尔文明的"话语"建构过程，我们就可以对自己所掌握的那套"知识"，以及理解这套"知识"的方式，做到心知肚明，同时也可以更好地反思其中存在的某些问题。

正式开启这段旅程以前，有必要先弄清楚几个专业领域的问题。笔者认为，本书接下来将要使用的"苏美尔人"和"苏美尔"两个概念，应该并不存在太多争议，不过"美索不达米亚"这个概念，却有必要多说两句。

"美索不达米亚"这个概念，源自古希腊语，意思是"两河之间"。公元前 3 世纪，"希腊化时代"[1]的地理学家首次提出这个概念，用来特指那片夹在底格里斯河和幼发拉底河中间的土地。文艺复兴运动以后，这个说法及相关概念被西方学者沿用了下来。

阿拉伯学者对这片土地的称谓则是"al-Iraq"（河岸及与之相连的草原）。至少从公元 8 世纪开始，这个概念便被用来指代巴格达

---

[1] Hellenistic period，从公元前 330 年波斯帝国灭亡到公元前 30 年罗马征服托勒密王朝为止的中近东历史时期，地中海东部原有文明区域的语言、文字、风俗和政治制度逐渐受希腊文明的影响，进而形成新的特点。

南部的广阔淤积平原。[9]历史和考古学家通常认为，这个区域的最南端，应该包括巴比伦尼亚[1]地区。

本书所说的"美索不达米亚"，采用的是从古代直到 21 世纪 20 年代通行的概念。21 世纪 20 年代以后，这个概念则更多地被用来特指伊拉克和叙利亚这两个现代国家。

东方遭遇西方

伊拉克的低海拔地区，并非像我们通常所认为的那样，可以成为本书故事讲述的理想起点。相反，笔者更愿意将故事的开端放在一位伟大统治者治下的伊朗高原，这位统治者就是萨非王朝[2]的阿拔斯大帝（Shah 'Abbas I，公元 1558—1629 年在位）。

阿拔斯大帝继承王位时，他的国家可谓风雨飘摇。此时，奥斯曼土耳其帝国的势力范围，向南最远可至高加索（Caucasus）的大不里士[3]，向西最远可以到达美索不达米亚。如此一来，伊朗西部地区便暴露在土耳其的武力威胁之下。事实上，这个地区在公元

[1] Babylonia，位于今中亚西南部幼发拉底河河谷。
[2] Safavid Persian Empire，波斯人建立的伊朗王朝，位于今伊朗西部，又称波斯第三帝国。
[3] Tabriz，今伊朗边境古城，与阿塞拜疆接壤。

1590 年，的确曾被土耳其人占领过。相比之下，伊朗西南方向的形势反倒显得风平浪静，尽管盘踞在波斯湾霍尔木兹岛[1]上的葡萄牙人，随时可以掐断它的海上贸易线。

为了应对诸如此类的军事和经济威胁，阿拔斯大帝放下宿怨，开始尝试与西方列强媾和。对于萨非王朝的历代统治者而言，这无疑是一种全新的治国思路，伊朗由此敞开国门，欢迎那些不请自来的外国人，这其中当然也包括非穆斯林的外国人。西方各国趁机迅速与伊朗建立经济往来，从那之后，包括伊朗丝绸在内的各种奢侈品逐渐涌入欧洲市场，为伊朗换回大把的真金白银。

经过十余年的努力，阿拔斯大帝在英国顾问的帮助下，整编了军队，加强了对国内各个省份的控制。1598 年，他在伊斯法罕（Isfahan）为这个国家建立了一座崭新的宏伟首都。新首都中，公园、宫殿、文体场馆和清真寺随处可见，以至于 17 世纪 60 年代造访那里的一位法国游客称赞它是"东方最伟大、最美丽的城市"。[10]

新首都的建筑被装饰得华美异常，王宫中随处可见寓意深远的人物和风景题材镶嵌画[2]，画面中的人物还经常身穿欧式服装。这些被刻画为艺术形象的外国人包括荷兰和英国东印度公司的代表，

---

[1] Island of Hormuz，这个岛正好卡在霍尔木兹海峡中间，1507 年即被葡萄牙人攻占，直到 200 年以后才被伊朗收复。
[2] 即中世纪欧洲教堂中经常出现的马赛克镶嵌画。

欧洲各国大使，天主教传教士，乃至某些军事冒险家，他们在伊斯法罕齐聚一堂。

相会在伊斯法罕的外国人当中，有一位名叫彼得罗·德拉·维尔[1]的罗马贵族。1614 年，他离开意大利，前往耶路撒冷（Jerusalem）朝圣。实现这个心愿两年后，彼得罗·德拉·维尔突然有了投笔从戎的冲动，于是便加入一支沙漠商队，打算去巴格达参军，帮助具有亲基督徒背景的阿拔斯大帝对付土耳其人。

顺利抵达巴格达的彼得罗·德拉·维尔与玛安尼·乔瓦里（Ma'ani Jowayri）坠入爱河，后者的父亲是一位景教[2]教徒，母亲则是一位亚美尼亚人。婚后，夫妻二人就一起去了伊斯法罕。只可惜，他们的运气不好，抵达目的地时，恰好赶上阿拔斯大帝率军远征。

彼得罗·德拉·维尔在伊斯法罕苦等了一年之久，随后决定采取主动，前往伊朗北部，寻找御驾亲征的阿拔斯大帝。这位意大利旅行家后来真的得到了阿拔斯大帝的接见，不过后者却觉得把他留在身边似乎也没什么用处。1618 年底，怀才不遇的彼得罗·德拉·维尔重返伊斯法罕韬光养晦。经历了三年多的漫长等待，他决

---

[1]　Pietro della Valle，意大利旅行家，最早发现了古巴比伦遗址，波斯猫也是由他最早从伊朗带回欧洲的。

[2]　Nestorian Catholic，又称基督教聂斯脱里派，起源于叙利亚，属于东正教分支，唐代传入中国。

定取道印度返回欧洲。于是，夫妻二人带着他们的女儿动身南下，向波斯湾进发。

旅行途中路过古城设拉子（Shiraz）时，彼得罗·德拉·维尔得到机会，朝着古城东南方向漫游了大概 60 千米，沿途还参观了波斯波利斯[1]遗址。这座屹立在"善心山"（Kuh-i-Rahmat, Mountain of Mercy）脚下的古城，作为波斯阿契美尼德王朝[2]的"神都"[3]，兴建于大流士一世[4]执政时期。

图 3　来自于伊朗的玻璃蚀刻画，穿欧洲服装的男士和穿波斯服装的女士，创作于公元 1640—1650 年

[1]　Persepolis，古波斯帝国的第二个首都。

[2]　Achaemenid Persian Empire，即通常所说的古波斯帝国。

[3]　ceremonial capital，这座古城实际上相当于古波斯帝国的陪都，不具备行政功能，古波斯帝国国王只是定期来这里举行一些宗教仪式。

[4]　Darius I，公元前 522—前 486 年在位。

　　位于古城中心的是富丽堂皇的王宫，还有修建在巨型石头地基上的若干座立柱式神殿。对于受过教育的欧洲人来说，波斯波利斯之所以耳熟能详，主要是因为它和亚历山大大帝（Alexander the Great）间的一段"孽缘"。根据来自西西里岛（Sicily）的古希腊历史学家狄奥多罗斯[1]记载，公元前330年的一次豪饮狂欢过后，亚历山大大帝下令纵火焚毁了这座古城。所幸古城中的建筑大多采用砖石结构，这才得以在此次浩劫中保存下来。在随后的日子里，那些幸存的砖石，有的慢慢风化，有的则被人拆走，最后只剩下一些空落落的石头立柱和门廊，以及作为装饰的各色浮雕。

　　彼得罗·德拉·维尔并非首位造访这处古迹的欧洲人。早在公元1320年，来自波代诺内[2]的方济各会[3]修士鄂多立克[4]就曾考察过波斯波利斯遗址。公元1474年，威尼斯大使吉奥索法特·巴尔巴罗[5]也曾游览过这处古迹。随着阿拔斯大帝治下的波斯帝国日渐敞开国门，波斯波利斯古城在某种意义上，成了一处货真价实的旅游景点，形形色色的游客纷至沓来。

---

[1]　Diodorus，代表作有《历史丛书》四十卷。

[2]　Pordenone，位于意大利东部。

[3]　Franciscan，又名"法兰西斯派"，属于天主教分支，1209年由意大利人方济各创立。

[4]　Odoric of Pordenone，意大利传教士和旅行家，曾游历印度、中国等地。

[5]　Giosafat Barbaro，文艺复兴时期的威尼斯商人，曾长期在高加索地区和俄罗斯经商，后被任命为威尼斯大使。

话虽如此，彼得罗·德拉·维尔在他的旅行见闻中，对那些镌刻在石质纪念碑上形形色色的"木楔子形"符号的描述，仍旧是现存已知最早的关于楔形文字的历史记录。在写给远在威尼斯的一位朋友的信中，他临摹（临摹得不是特别准确）了5个楔形符号，同时推测（推测得非常准确）这些符号可能是某种从左到右阅读的文字。恰恰是这几个符号，为日后破解楔形文字字母表，以及探究它所承载的古代语言，发挥了重要作用。

波斯波利斯之行，并非是彼得罗·德拉·维尔最后一次见到这种"木楔子形"的书写符号，二者的再次相遇，是在古代苏美尔王国的腹地。此时的彼得罗·德拉·维尔全家，一路向南，已经顺利抵达波斯湾。不幸的是，身怀有孕的玛安尼·乔瓦里却突然罹患热病，早产生下了一个死胎，她本人不久也撒手人寰。

彼得罗·德拉·维尔用樟脑给妻子的遗体做了防腐处理，打算把她带回意大利，安葬在家族墓地中。然而此时的波斯军队在英国舰船的协助下，已经封锁了前往印度的海上通道，意在赶走盘踞在霍尔木兹岛的葡萄牙人。直到1623年，阿拔斯大帝取得胜利，波斯湾海路重新开放，彼得罗·德拉·维尔这才把装殓着妻子遗体的棺材藏在一只大皮箱底部，上面又盖了很多衣物充当伪装，动身前往印度西海岸。

同样是在这一年，阿拔斯大帝在美索不达米亚击溃了土耳其人，攻占了巴格达，控制了前往圣地卡齐姆[1]、卡尔巴拉（Karbala）和纳杰夫（Najaf）等地的道路。倚仗阿拔斯大帝在当地日渐远播的威名，彼得罗·德拉·维尔取道印度，走海路，来到位于美索不达米亚南部的港口城市巴士拉（Basra）。随后又从这里，逆幼发拉底河而上，一路向北，最终抵达阿勒颇（Aleppo）和地中海沿岸。

图4　1718年《科奈尔·勒·布伦游记》（*Voyages de Corneille le Brun*）中表现波斯波利斯的版画

[1]　holy Shi'i shrines of Kazimayn，位于今巴格达市郊，此地埋葬着什叶派穆斯林伊斯玛仪派的圣人，第七世伊玛目，穆萨·本·贾法尔·本·穆罕默德，他被尊称为"卡齐姆"，意思是"隐忍者"。

作为一位具有强烈好奇心的旅行者，彼得罗·德拉·维尔一路走走停停，沿途游览了很多有趣的地方，其中就包括纳西里耶（Nasiriyah）北面荒漠中的一处巨型砖石建筑遗迹：

> 6月19日（1625年），……我特意赶在上午，把之前提到的那处古代遗迹仔仔细细又看了一遍。不知道这个地方原先是做什么用的，不过它所采用的砖坯[1]，质量非常高，砖坯中部还镌刻着一些未知的符号，看起来非常古老。
>
> 据我观察，这些砖坯是由当地沙漠中随处可见的沥青，掺上某种纤维，黏合在一起的。正因如此，遗迹前面的那片大山才被阿拉伯人称为"Muqeijer"，也就是"沥青"的意思……
>
> 6月20日，再次游览那处遗迹。我在地面上发现了几块黑色大理石，非常坚硬，质量也很好，它们的表面刻着和那些砖石相同的符号。我觉得这些大理石似乎是某种印章，就像东方人现在使用的印章一样……在众多符号当中，我注意到两个在其他地方也经常出现的符号。其中一个符号的形状近似金字塔▷，另一个符号则像个八角星✳。[11]

---

[1] 美索不达米亚缺乏石料，建筑物一般以石头和木材为骨架，填充大量未经烧制的砖坯，这种砖坯很容易刻字，所以才有楔形文字诞生。

彼得罗·德拉·维尔可能是第一位到访"沥青土墩"(Tell al-Muqayyar/the Mound of Pitch),也就是乌尔[1]古城遗址的欧洲人。他描述的那些砖坯(mud-brick),全部出自一座庙塔[2]遗迹。这座庙塔,曾雄踞古城的中心。正如本书后面还要详细介绍的那样,乌尔古城的庙塔,始建于公元前 2100 年前后。恰恰是在这个时间段,古城中的居民开始流行在很多砖坯的表面,镌刻主持修建此处建筑的统治者以及这座神庙主神的名讳。

出自乌尔古城庙塔的砖坯上通常刻有一行简短的苏美尔语,它的含义是时任苏美尔国王的乌尔纳姆(公元前 2112 年前后—前 2095 年在位)和月神南纳(Nanna)。彼得罗·德拉·维尔说的八角星,显而易见,指的是苏美尔语"神"(dingir)这个词开头的字母;所谓的"金字塔",则是苏美尔语"建造"(du)这个词的最后一个字母。

公元 1626 年,彼得罗·德拉·维尔返回罗马,随后就留在那里,将自己的经历撰写成文。虽然一路上搜集的古物没能留存下来,但循着他的足迹接踵而至的其他欧洲旅行家却找到了更多带有"木楔形符号"的黏土和石头残片,还为其中某些篇幅较长的铭文制作了拓片。

供职于牛津大学的希伯来语教授托马斯·海德(Thomas Hyde)

---

[1] Ur,位于幼发拉底河和底格里斯河的河口位置,全世界最古老的城市之一。
[2] ziggurat,指古代美索不达米亚的阶梯式金字塔建筑。

可能是提出"楔形文字"（cuneiform）概念的第一人。1700 年，他使用拉丁语单词"cuneus"，指代这种"木楔形符号"。[12] "cuneus"翻译成英语，就是"木楔子"（wedge）的意思。与此同时，其他学者则倾向采用"箭头"（arrow）或"楔形"（cuneatic）之类的词语，给这种符号命名。

几位学者在给这种符号命名的同时，也开始着手相关的破译工作。1778 年，名叫卡斯滕·尼布尔[1]的丹麦旅行家制作了第一份来自波斯波利斯的精确铭文拓片。他在当地获得的 3 份铭文拓片，最简短的一份大概有 40 个字，其他两份则有好几百个字。学者们推测，最短的那份，应该是一张字母表，于是这份拓片就成了破译的主攻方向。某些学者确实也通过它，取得了语音或字母方面的突破。

关于楔形文字的早期研究，最重要的成果，出自一位名叫格奥尔格·格罗特芬德[2]的德国教师[3]之手。1802 年，他破解了那份简短铭文拓片中的部分文字。基于自己对年代稍晚，属于非楔形文字的古波斯语的了解，以及古希腊作者关于大流士一世和薛西斯（Xerxes，公元前 486—前 465 年在位）曾定都波斯波利斯的记载，

---

[1] Carsten Niebuhr，1773—1815 年，本书原文说他是丹麦旅行家，不过根据相关资料记载，卡斯滕·尼布尔实际应为德国人，他只是加入过一支游历中东地区的丹麦探险队，还是这支探险队唯一的幸存者。

[2] Georg Grotefend，德国东方学家、语言学家。

[3] 原文为 schoolteacher，这个词特指中小学教师。

格奥尔格·格罗特芬德推测铭文的意思可能是"薛西斯，伟大的王，王中之王，大流士的儿子，王中之王"，以及"大流士，伟大的王，王中之王，希斯塔斯普（Hystaspes）的儿子"[1]。

这些古波斯语的文献要想得到完整破解，原本可能需要数十年，然而本书讲述的故事，节奏却要快得多。更多符号的含义，很快都会被识别出来。这主要归功于十八九世纪以来，欧洲列强，尤其是英、法两国，在商业、政治、军事等领域，与中东地区的统治者和普通老百姓日益频繁的来往。

熟悉又陌生的美索不达米亚

波斯波利斯发现的铭文包含大流士、薛西斯等人的名讳，这对19 世纪早期的学者而言，根本不足为奇。自从文艺复兴运动以来，那些富有家庭便开始为家中的男孩，当然也包括少数女孩，提供受教育的机会，让他们了解与古典世界及圣地[2]有关的历史和地理知识。

此类教育的一个重要内容，就是阅读古希腊和古罗马作者的传

---

[1] 这段文字应该出自贝希斯敦铭文，这份铭文用 3 种语言讲述了同样的内容，因此成为破解楔形文字的钥匙。

[2] the Holy Land，指以耶路撒冷为核心的中东地区。

世文献。这些文献，涵盖大量与所谓的"东方"（主要指北非和地中海东部沿岸）[1]有关的内容，介绍了生活在那里的诸多古代族群，比如波斯人、亚述人和巴比伦人。就像《圣经》中的相关记载一样，这些文献同样谈到了当地包括巴比伦、尼尼微和乌尔古城在内的很多著名古代城市。讲述者的话语，往往掺杂着浪漫想象、异域风情，还有以东方专横统治者为主角的各色男女故事。

对于美索不达米亚的众多古迹，相关古代文献其实早有记载。生活在那片土地上的人们，对这些古迹的位置也心知肚明，甚至还在一直沿用它们的古称，尽管许多欧洲探险家声称他们才是这些古迹的最早发现者。

事实上，早在公元 10 世纪，阿拉伯语和波斯语的相关文献便已对美索不达米亚的古代遗迹多有谈及。几乎同时，包括拉比本杰明（1130—1173 年）[2]在内的西方旅行者，也在这些古迹身上耗费了很多笔墨：

> 那之后又走了两天，抵达摩苏尔，这里是亚述王国的都城[3]，大概居住着 7000 名犹太人……摩苏尔现在属于波斯帝国

---

[1] Orient，这个词语在西方语境中始终是个含义不断变化的概念。

[2] Rabbi Benjamin of Tudela，生于西班牙的图德拉，犹太教拉比，这个人在 1173 年取道美索不达米亚抵达波斯，途经尼尼微、巴比伦等地。

[3] 摩苏尔的前身就是亚述的首都尼尼微。

的边境城市。这座城市依底格里斯河而建，规模很大，历史悠久，通过横跨河上的一座大桥与曾经的尼尼微相连。尼尼微古城已经成了废墟，不过废墟中仍然散布着大大小小的村庄。透过残存的城墙，古城曾经的辉煌可见一斑。尼尼微城墙的周长比埃尔比勒[1]足足多了 40 帕勒桑[2]（大概 200 千米）。

随后又走了一天，来到巴比伦，也就是通天塔的所在地。这处废墟方圆大概 48 千米，尼布甲尼撒[3]王宫的遗迹，仍旧矗立在那里。当地人却不敢进去，因为他们害怕里面的毒蛇和蝎子。[13]

欧洲人对于美索不达米亚历史遗迹热情高涨的同时，奥斯曼土耳其帝国对这个地区的经济和政治影响力也在不断增强。1638 年，土耳其人开始要求阿拔斯大帝归还该地区的控制权。英国人异常敏锐地嗅到了其中的商机，他们在帮助波斯帝国将葡萄牙人赶出波斯湾后，通过成立英国东印度公司（British East India Company）的方式，鹊巢鸠占。[14]

1600 年成立的这家公司，主要业务是在东印度地区做买卖。

---

[1]　Irbil，今伊拉克北部库尔德自治区首府。
[2]　parasang，古波斯距离单位。
[3]　Nebuchadnezzar，又称尼布甲尼撒二世，新巴比伦王国的第二任国王。

公司先在印度，随后又在中国建立了很多商站和"工厂"[1]。在1641—1660 年，以及 1723 年以后的时间里，英国东印度公司都曾在巴士拉设立商站，经营珍珠、阿拉伯马，进行其他期货贸易。

18 世纪中期，土耳其人在美索不达米亚的地位日薄西山，当地的实际控制权落入了格鲁吉亚—马穆鲁克人[2]手中。他们是优秀的士兵，出生在格鲁吉亚的基督教家庭，后来改宗伊斯兰教。这些人曾在巴格达建立属于自己的王朝，势力向南一直扩展到巴士拉。

格鲁吉亚—马穆鲁克人的统治者在追求军事现代化的同时，也渴望发展当地的经济，于是便尝试跟英国建立联系。他们的试探得到了伦敦方面的积极回应。此时的东印度公司正打算凭借旗下的雇佣军武装，通过血腥征服的方式，将印度变成英国的殖民地。美索不达米亚的战略价值，由此凸显出来。

1764 年，东印度公司驻巴士拉代表，开始兼任英国驻当地的领事，承担英国和印度两地信函往来的中间传递任务，还负责调停法国和荷兰驻当地代表间的纠纷。1798 年，拿破仑率军入侵埃及后，法国海军力量逐渐染指印度洋和波斯湾。美索不达米亚对于东印度

---

[1] factory，原文即带引号，东印度公司的工厂实际相当于现在的公司。
[2] Georgian mamluks，马穆鲁克的意思是"奴隶"，特指当时从属于中东各国君主的雇佣军。马穆鲁克人主要来自高加索地区和俄罗斯南部，其中有一部分格鲁吉亚人。这些人是职业军人，战斗力很强，曾在埃及建立马穆鲁克王朝。格鲁吉亚—马穆鲁克人还曾短期统治过今天的伊拉克，但是很快就被土耳其人打败了。

公司，以及公司的幕后东家——英国政府的战略价值得到进一步凸显。英国因此向巴格达的马穆鲁克朝廷派驻了一位政治顾问，随即还在当地正式建立了领事馆。

1808 年初，一位名叫克劳迪乌斯·詹姆斯·瑞奇（Claudius James Rich）的 21 岁年轻人，带着妻子玛丽（Mary）来到巴格达，就任东印度公司代表。5 年前，公司以"见习军官"（cadetship）的身份，将他招入麾下。克劳迪乌斯·詹姆斯·瑞奇的才华很快得到认可，先是被任命为属于高级职员的书记官（writer），随后又成了英国驻开罗（Cairo）的地中海沿岸总领事的秘书。

从各方面来说，克劳迪乌斯·詹姆斯·瑞奇都是一位杰出的语言学家。任职过程中，他逐渐掌握并精通了阿拉伯语、波斯语和土耳其语，还粗通法语、希腊语、拉丁语、希伯来语、叙利亚语和中国官话[1]。与此同时，这个人还对考古领域颇有兴趣。驻留美索不达米亚期间，他考察了多处古迹，发掘了古巴比伦城遗址，测绘了尼尼微的城墙地图，收集到很多石头印章、泥板文书之类的小型文物。15

众多古迹当中，最能引起克劳迪乌斯·詹姆斯·瑞奇注意的是一座位于巴格达南郊的大型石雕。稍晚些的 1818 年，苏格兰旅行

---

[1]　Mandarin Chinese，指中国明清时期的普通话。

家罗伯特·克尔·波特爵士[1]也曾见过这座石雕，还留下了这样的
描述：

> 和那位绅士（克劳迪乌斯·詹姆斯·瑞奇）见过的是同一
> 处大型石雕残片，它如今静静地躺在从希拉[2]到塞琉西亚[3]途
> 中的沙漠里。残片包括一尊男性坐像的下半身，坐像由蓝黑色
> 玄武岩雕刻而成，赤裸的双腿按埃及人的习惯并拢在一起，手
> 放在大腿上。16

上述文字可能就是关于这尊创作于公元前 3000 年晚期的石雕
的最早记载，当时的苏美尔统治者非常热衷于使用玄武岩之类的黑
色石材。由于巨大的体量，石像在被克劳迪乌斯·詹姆斯·瑞奇和
罗伯特·克尔·波特爵士发现时，可能并没有离开原位。后来，大
英博物馆（the British Museum）出资从克劳迪乌斯·詹姆斯·瑞奇
的遗孀手中，将这尊石像连同其他藏品，一并买了下来，运回伦敦。
时至今日，石像仍被收藏在大英博物馆。

　　1821 年，克劳迪乌斯·詹姆斯·瑞奇造访波斯波利斯遗址，

---

[1] Sir Robert Ker Porter，1777—1842 年，苏格兰艺术家、作家、外交官和旅行家。
[2] Hillah，伊拉克南部小镇。
[3] Seleucia，底格里斯河沿岸古城。

还制作了很多楔形文字铭文拓片。只可惜，他在设拉子染上了霍乱，最终不治身亡。克劳迪乌斯·詹姆斯·瑞奇取得的成果，为随后数十年间，以美索不达米亚为核心的考古活动打下了基础。

这些考古活动大多由西方国家牵头。没过多久，纯学术性的研究便顺理成章地演化为不同国家间的竞争。列强就像争夺商业和政治利益那样，有过之而无不及地瓜分着这个地区的"历史"，大量古物由此重见天日，流入远在伦敦和巴黎的众多博物馆。

1831 年，始终没有放弃从马穆鲁克帕夏[1]手中夺回美索不达米亚控制权的土耳其人，忽然对位于北方的摩苏尔省迸发出高昂的考古热情。1842 年，法国领事保罗·埃米尔·博塔[2]先是带头展开了对名为"库扬及克"（Kuyunjik）的尼尼微古城部分遗址的挖掘工作，随后又将关注点转向霍尔萨巴德（Khorsabad），也就是古城杜尔·沙鲁金[3]。保罗·埃米尔·博塔雇用的当地工人在这里挖出了很多完成于公元前 8 世纪，令人叹为观止的古代亚述石头浮雕。这些浮雕中的精品，后来都被转移到巴黎的卢浮宫博物馆。

保罗·埃米尔·博塔取得的成就，激发了英国驻君士坦丁堡[4]

---

[1]　pashas，伊斯兰国家对高级官吏的敬称。

[2]　Paul Émile Botta，1802—1870 年，法国科学家，自 1842 年起担任摩苏尔领事，此时摩苏尔地区的控制权在土耳其手中。

[3]　Dur-Sharrukin，亚述王国古代首都。

[4]　Constantinople，即伊斯坦布尔，当时是奥斯曼土耳其帝国的首都。

大使的好胜心。1845 年，后者自掏腰包，弥补被大英博物馆挪用的考古经费，资助奥斯丁·亨利·莱亚德[1]在尼姆鲁德[2]和库扬及克两地的发掘工作。两处遗址出土的大量石雕，以及数千份楔形文字泥板文书，在破解楔形文字、研究古代苏美尔语的过程中扮演了重要角色。

日渐紧迫的战争威胁，进一步促使各国代表从身、心两个方面亲近古代苏美尔人。1839—1840 年，波斯和土耳其两大帝国因宿怨在双方的边境地区不断引发冲突。英、俄两国插手调停，四方随即就解决边境争端问题成立了协调小组。不过这个协调小组真正开始工作，却是在 1849 年。

图 5 罗伯特·克尔·波特爵士在格鲁吉亚、波斯、亚美尼亚和古巴比伦的游记中提到的石头雕像（1822）

---

[1] Austen Henry Layard, 1817—1894 年，被称为英国西亚考古学之父。
[2] Nimrud, 位于摩苏尔附近，号称"亚述珍宝"，2015 年 4 月 11 日被"伊斯兰国"组织夷为平地。

　　英方代表威廉·芬尼克·威廉姆斯[1]上校任命手下的一名
参谋兼地理学家威廉·肯尼特·洛夫特斯[2]随同协调小组沿底格
里斯河南下，先从摩苏尔前往巴格达，再取道希拉和迪瓦尼亚
（Diwaniyah），抵达巴士拉。足迹所到之处，威廉·肯尼特·洛夫
特斯考察了尼尼微、巴比伦、努法尔[3]、乌鲁克，以及阿勒—穆卡
亚遗址[4]，并做了详细记录。

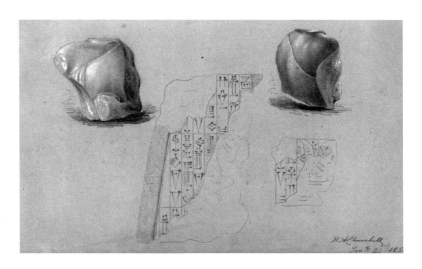

图 6　亨利·阿德里安·丘吉尔（Henry A. Churchill）绘制的 1849 年从哈曼土
墩（Tell Hamman）移走的带有铭文的石头雕像碎片

[1]　William Fenwick Williams，后来晋升为将军，是克里米亚战争中的英军指挥官。
[2]　William Kennett Loftus，英国博物学家、地质学家和探险家，他发现的乌鲁克
遗址被认为是世界上最早的城市。
[3]　Nuffar，旧称"尼普尔"（Nippur），古巴比伦最重要的埃库尔神庙所在地。
[4]　Tell Al-Muqayyar，以乌鲁克为中心的古巴比伦行政区。

威廉·肯尼特·洛夫特斯在位于乌鲁克古城以北的哈曼遗址（Tell Hamman）发现了三块石雕残片。石雕的头部和胳膊已不知所踪，腰部以下的部分被打碎为三小块，右腿上镌刻着几行风化模糊的楔形文字铭文。铭文的内容现在已经得到破解，它其实是一份公元前2150年前后，出自古地亚国王[1]之手的题词。然而在1849年，没人知道这些文字究竟是什么意思，威廉·肯尼特·洛夫特斯也就无从了解石雕的重要性：

> 出自古巴比伦人之手的雕像非常罕见。在条件允许的前提下，我尽一切可能将残片妥善打包，驮在骡背上，一路前往巴士拉，然后从那里装船运回英国。这些残片，我相信是全欧洲绝无仅有的古巴比伦雕像标本。只可惜，它们运抵英国后，只是被摆在大英博物馆穹顶之下一个不起眼的角落里，无人问津。[17]

1850年，威廉·肯尼特·洛夫特斯从威廉·芬尼克·威廉姆斯上校那里得到准许，重返乌鲁克，进行一次小规模挖掘。四年后，他第三次来到乌鲁克，找到了一堵装饰有马赛克镶嵌画的墙壁。这

---

[1] ruler Gudea，拉格什第二王朝的国王。

幅镶嵌画由数千块晒干的圆锥形黏土块构成，后来被证实是一座修建于公元前 4000 年下半叶的庙堂遗迹。

1853—1855 年，东印度公司代表兼英国驻巴士拉副领事约翰·泰勒（John Taylor）在大英博物馆的支持下，先后考察了乌尔古城、埃利都和库瓦拉（Tell al-Lahm/Kuara）等地。这次考察，为后来的一系列探索打下了基础，更大规模的发掘行动将让越来越多的苏美尔遗迹重见天日。

各类遗迹当中，真正能够帮助世人了解古代苏美尔人的关键，非那些楔形文字铭文莫数。在破解楔形文字方面发挥过重要作用的，则是约翰·泰勒身在巴格达的临时上级——亨利·罗林森[1]。

苏美尔和阿卡德的王

1827 年，17 岁的亨利·罗林森加入东印度公司旗下的雇佣军。6 年后，在工作过程中表现出极高语言天赋的他，被派往伊朗协助训练阿拔斯大帝的军队。身在伊朗的亨利·罗林森对这个国家的古迹发生了兴趣。1835 年，他来到位于哈马丹[2]附近的阿勒万德

---

[1]　Henry Rawlinson，1810—1895 年，英国军官和东方学家。
[2]　Hamadan，今伊朗哈马丹省省会，丝绸之路上的重要节点。

山[1]，制作了一套铭文拓片。

以格奥尔格·格罗特芬德的研究成果为参照，亨利·罗林森开始尝试破解这套铭文拓片中的古波斯语内容。后来，他的研究视野还拓展到来自波斯波利斯附近的纳克歇罗斯塔姆（Naqsh-i Rustam），以及伊朗西部贝希斯敦的同类铭文。

贝希斯敦铭文在西方世界的知名度很高，不过要想直接触摸到它们，难度也很高。因为铭文所在的位置是一座外飘的悬崖，距离地面足有 100 米高，悬崖本身雄踞在霍拉桑古道（the Great Khorasan Road）上，后者则是著名的丝绸之路的一部分。

公元前 520 年前后，这座悬崖被当时的人们用 3 种语言刻上了赞美波斯王大流士一世的颂词。颂词众星拱月般地环绕着以国王本人形象为核心的浮雕。国王面前，卑躬屈膝地站着 9 名不同族群、披枷戴锁的俘虏。整幅画面与周围的环境相互融合，体现出一种将敌人踩在脚下的恢宏气势。

---

[1] 原文为 Mount Elwand，作者此处可能写错了 2 个字母，英文材料的通行写法应该是 Mount Alvand，这座山上的铭文在伊朗被称为“甘吉纳麦”（Ganjnameh），也就是“藏宝书”的意思。

图 7　公元前 520 年，大流士一世时期，伊朗贝伊索通悬崖浮雕和楔形文字铭文

　　当代历史经常，甚至可以说始终将贝希斯敦铭文视为亨利·罗林森破解古代美索不达米亚文字的钥匙。类似这样的说法，很大程度属于今人的"以己度人"。

　　1836 年，亨利·罗林森自下而上，爬上这座悬崖（而非通常所说的那样，借助绳索，从悬崖顶部悬垂而下），制作了古波斯语版本的铭文拓片。[18] 至于其他语言版本的铭文[1]，由于更不容易接

―――――――

[1]　贝希斯敦铭文总共有波斯语、埃兰语和阿卡德语三种版本。

近，所以那时根本就不在他的关注范围内。直到 1844 年，亨利·罗林森才重返贝伊索通[1]，制作第二种语言版本的铭文拓片，同时还将古波斯语版本的铭文重新拓印了一遍。那之后，亨利·罗林森发表了铭文内容的全文翻译。这项重大成就，奠定了他在楔形文字研究领域的领先地位。

1847 年，亨利·罗林森第三次造访贝伊索通，制作第三种语言版本的铭文拓片。他这次是站在平地上，手持望远镜，远程指挥一位被雇用的库尔德男孩爬上悬崖，借助高空坐板，完成了铭文的拓印。

时间进入 20 世纪 20 年代，当时的人们依照自己的想象，将亨利·罗林森和贝伊索通铭文的历史杜撰为一次艰难的冒险。亨利·罗林森本人，则被打造为大英帝国勇敢无畏和求知精神的化身，为了记录、破解楔形文字，他甚至不惜牺牲生命。

这个杜撰出来的故事之所以更为公众所熟知，无非是因为它和 1822 年商博良（Jean-François Champollion）以罗塞达石碑为线索，破解古埃及象形文字的传奇经历存在很大相似性。相比之下，在亨利·罗林森所处的那个时代，众多学者立足其他来源的楔形文字文献，已经开始尝试破解这种古代语言的历史，结果却遭到了有意无

---

[1] Bisitun，位于伊朗西部的一个村庄，贝希斯敦铭文的所在地。

意的忽视。

恰恰是凭借这个杜撰出来的故事，亨利·罗林森最终从 19 世纪 40 年代楔形文字研究领域众多卓有建树的研究者群体中脱颖而出，获得了很高的政治和社会地位，先是被任命为东印度公司驻土耳其和阿拉伯半岛的代表（1843—1849 年在职），后来还当上了英国驻巴格达的总领事（1851—1855 年在职）。任职期间，他还以大英博物馆的名义，主持过多项考古发掘。诸如此类的经历，最终让这位公众臆想出来的"英雄"获得了"亚述学之父"（father of Assyriology）的美誉。

亨利·罗林森从贝伊索通得到的第二种语言版本的铭文，使用的是现在所说的"埃兰语"（Elamite），它曾被认为是一种无人知晓的语言。从公元前 3000 年开始，这种语言便一直流传在伊朗西南部地区，尽管实际的使用范围可能并没有覆盖整个美索不达米亚。由于传世文本非常罕见，今天的人们仍对埃兰语所知甚少。

随后发生的事情证明，第三种语言版本的贝伊索通铭文，在研究苏美尔语的过程中发挥了举足轻重的作用。说起这个话题，绝对绕不开来自爱尔兰唐郡（County Down）基利里（Killyleagh）的可敬牧师，爱德华·辛克斯（Edward Hincks）。[19] 他的身份是都柏林（Dublin）三一学院（Trinity College）的校董，还是一位出色的语言学家。从事圣职之余，爱德华·辛克斯愿意将时间全部用于破解

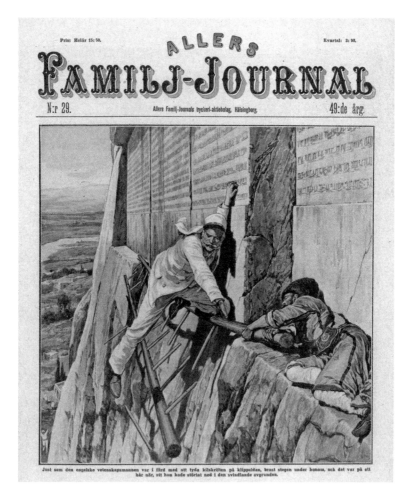

图 8　1920 年的小理查德·卡顿·伍德维尔（Richard Caton Woodville Jr）拍摄的杂志封面，表现了亨利·罗林森在贝伊索通面临的危险

包括楔形文字在内的各类古代文献。

1846 年，爱德华·辛克斯取得重大突破，发现每个楔形文字都是建立在语义基础上的表音符号，就像英语中用"wa"和"ter"这两个音节代表"水"（water）的意思一样。意识到这点的爱德华·辛克斯尝试将古代波斯文献与古代美索不达米亚文献进行对比阅读：

> 我在古代遗址出土的一块泥板文书上找到了"巴比伦"这个词，它的形状像一只桶，在某些砖坯上也能看到这个符号。我还在来自同一地点的很多砖坯上找到了"尼尼微"这个词。[20]

爱德华·辛克斯由此认为，亚述语和巴比伦语这两种语言，与闪米特语[1]存在很多共性。换言之，它们和现在的阿拉伯语、希伯来语属于同一个语系，拥有相同的语法和语义结构。事实上，正如我们今天已经认识到的那样，古代亚述语和巴比伦语实际就是同一种语言的不同方言分支，这种语言现在被称为"阿卡德语"。

亨利·罗林森此前始终相信自己从贝伊索通获得的第三种语言版本的铭文也是一种字母语言，爱德华·辛克斯的研究成果公布

---

[1] Semitic，阿拉伯人和犹太人按人种学分类，都属于闪米特人，他们使用的语言都属于闪米特语系。

后，他意识到了自己的错误：

> 毋庸置疑，他（爱德华·辛克斯）有了一项重要发现。这项发现对我破解贝希斯敦（Behistun）铭文，并非仅仅是提供了线索那么简单。[21]

实际情况的确如此，三年后，爱德华·辛克斯进一步发现，每个独立的楔形文字，都可能同时拥有几个不同的发音。参照上下文，同一个符号，可以代表几个音节，甚至可以代表几个词语。更为重要的是，爱德华·辛克斯还意识到，作为一种符号的楔形文字，甚至可以同时被用来记录两种不同的语言。例如，阿卡德语的"土地"（ersetu/earth）这个词，就可以用楔形文字中代表读音"Ki"的符号表示。此类现象说明，当时应该还存在着一种与阿卡德语平行的语言，这种语言将读音"Ki"的含义规定为"土地"。

这种语言随后被证明是苏美尔语。苏美尔语之所以能得到破解，主要是因为发现那些出土自尼尼微，随后又被大英博物馆收藏的楔形文字泥板文书，大多是用双语写成的。泥板文书中，与每行阿卡德语对应的，还会有一行苏美尔语。显而易见，苏美尔语并不属于闪米特语系，跟阿卡德语相比，它拥有完全不同的结构。按照自己制定的标准，爱德华·辛克斯将苏美尔语视为一种"黏着性"

图 9 油画《爱德华·辛克斯》，完成于公元 1850 年前后

（agglutinative language）的语言，同时代的其他学者则将这种语言称为"西徐亚语"[1]或"都兰语"[2]。

现代匈牙利语、土耳其语和芬兰语，都可以被称为"黏着性语言"。这种语言往往使用一个固定不变的词根，通过为词根添加前缀或后缀的方式，传达不同的语义。例如，芬兰语中的"房子"（talo）这个词，加上一个后缀"ssa"，就可以表示"在房子里"（talossa）的意思，再换一个后缀"ssani"，还可以表示"在我的房子里"（talossani）的意思。

在爱德华·辛克斯生活的时代，学术界对于如何给这种语言定名，还没有达成共识。某些学者倾向将其称为"古迦勒底语"[3]。"迦勒底"是古代亚述铭文中经常提到的一个族群，《圣经》中也有类似"迦勒底人的乌尔城"的说法，还将乌尔城视为先知亚伯拉罕的故乡。

1869 年，拥有法国血统，出生在德国的杰出语言学家朱利斯·欧佩尔特（Jules Oppert）与爱德华·辛克斯如出一辙地将这种非闪米特语系的古代语言认定为"黏着性语言"，同时还基于美索

---

[1] Scythian，指生活在黑海北岸的伊朗语系游牧民族，也可译为"斯基泰人"，人民文学出版社《莎士比亚全集》均译为"西徐亚"，本书翻译以此为准。

[2] Turanian，乌拉尔—阿尔泰山地区古代游牧民族使用的语言。

[3] Old Chaldaean，生活在美索不达米亚的多个古代民族的泛称。

不达米亚的一个古代王室头衔——苏美尔和阿卡德的王，建议将这种古代语言命名为"苏美尔语"。

朱利斯·欧佩尔特的命名方式起初并未获得普遍接受，直到1889 年，一份双语楔形文字泥板文书的阿卡德语铭文中明确出现了"苏美尔语"（lišan šumeri）的表述方式。与这个阿卡德语词意思对等的苏美尔语词其实应该是"emegir"，只不过因为今天的我们对苏美尔语仍然所知甚少，"苏美尔"这个阿卡德语单词才被借用过来，成了它所代表的那种古代语言的名称。就目前掌握的材料来看，美索不达米亚或许真的存在过一个名叫"苏美尔"的地方，所谓的"苏美尔语"则属于那里的通用语言。

简短的旁白

破译用楔形文字书写的文献，会让人感觉异常苦恼，因为这种文字语义复杂，却全部由少量的符号组合而成。上一节介绍了这种古代文字的破解历史，这里还有必要花时间进一步谈谈这种文字的具体使用方法，以及由它构成的那些文本。鉴于本书的主角——苏美尔人，通常被认为是这种文字发明者，因此适当多耗费一些笔墨就显得很有必要。

楔形文字体系的基础是一份字母表，字母表中的 26 个字母，能够按照不同的排列组合，代表不同词语的发音。书写者手持柔软的黏土泥板，用削尖了的芦苇秆，将这些符号画在泥板表面。

早期古代美索不达米亚的文字体系，也就是专家所说的“原始楔形文字”，是用一个符号直接表示一个词语[1]。“原始楔形文字”本质上属于象形文字，因此它们的形状，或多或少都和所象征的事物存在某种相似性。例如，代表“水”这个意思的符号，就是横着画两条水波纹。

类似这样的符号，一般很难表示动作或某些更抽象的含义。例如，在泥板上画一个“人脚”造型的符号，究竟是要表示“走”的意思，还是表示“立定”的意思，往往就很难确定。当然，就像我们今天用“£”和“$”这两个符号来代表“钱”的意思一样，诸如此类的含义，在楔形文字体系中也可以借助某些抽象符号加以表达。

楔形文字体系中此类性质的抽象符号，大多都被用来代表某些特定的名词。另外，由于早期泥板文书主要都是账本和收支凭证，数字符号在这个体系中的地位也显得非常重要。只不过不熟悉这套文字体系的人，往往根本无从知晓它们所要传达的信息。与此同时，不同符号的排列组合，也可以被用来表示更复杂的含义。例如，一个用线条勾勒出来的“人头”符号，旁边再加上一个“碗”的符号，

---

[1] 早期美索不达米亚文明使用的是和甲骨文相似的象形文字。

就是"口粮"（ration）的意思。

公元前 3000 年早期，苏美尔语转而开始采用组合音节符号的方式传达语义[1]。例如，苏美尔语中"大麦"的发音是"she"，这个音节同样可以被用在类似"牧羊人"（shepherd）这样的词或词组当中。同样的道理，苏美尔语中"嘴"这个词的发音是"ka"，其他包含相同发音的词或词组，也可以使用这个音节。

苏美尔语中的某些词语，还可能像英语中的"there"和"their"那样，存在语义不同，但发音相同或相近的问题。在这种情况下，就需要用两个不同的符号分别代表它们。比如苏美尔语中代表"线"（thread）和"公牛"（ox）的两个词语，就是读音相同而字形不同。

总的来说，苏美尔语是一套简单明了的文字体系。它的主要缺点在于，体系内包含的符号实在太多，使用者需要花很长时间才能记住它们，还需要花很长时间练习书写技巧。诸如此类的原因，最终让书记官在古代美索不达米亚成为一种专门的职业。相关的专业知识，在书记官群体中往往以父子相传的形式得到延续。

早期苏美尔人发明的用削成三角尖头的芦苇秆在泥板上按压、刻画符号的书写方式，则为之后那种三角形拖着个尖尾巴的抽象符号的诞生打下了基础。这种符号就被称为楔形文字。

---

[1]　作者的意思是苏美尔语由表意文字体系向表音文字体系转化。

第 2 章

苏美尔语的问题

学者们努力了解讲苏美尔语的那个时代，其实并没有足够数量的文献能够让他们管中窥豹，对这种语言形成大致的印象。一个问题由此被提了出来——苏美尔语到底是不是一种非闪米特语系的语言？

这个问题后来被命名为“苏美尔语之谜”（Sumerian Problem），受到学术界的高度关注，还引发了激烈争论。争论双方的立脚点，或多或少都建立在种族理论的基础上。这种理论将在整个 20 世纪的苏美尔人形象和历史建构过程中发挥着举足轻重的作用，其中的某些影响至今无法消除。既然如此，“种族”（race）这个概念在我们构建古代美索不达米亚世界的文化想象过程中，究竟扮演了怎样的角色呢？

19 世纪中期，种族理论已经被西方人理所当然地视为研究全世界各个族群及相关历史的基础。类似“人种”或“族群”这样的知识，则被进一步阐释为明确的地缘概念，经常和语言、宗教、文化、技术水平、民族气质等元素相互勾连。所有这些元素组合到一起，最终造就了某个特定族群的精神和生理特质。

基于这样的思维方式，我们所在的世界，便可以按脸型、肤色、发质等标准，进行某种形式的划分，比如“文明的西方”和“专制的东方。”[1] 不同族群，由此还被贴上了高低贵贱的标签。生活在欧洲的高加索白种人（其中的某些群体就是所谓的雅利安人），理所当然地占据了金字塔的顶端。他们创造的文明，被视为由某种最原始的人类文明进化而来的最先进文明。由于时空阻隔、地缘差异的原因，这种最原始的人类文明，在当今世界的某些角落可能仍然存在。

以这两种分别处在金字塔最低端和最顶端的文明形式为参照，按照进化论的线性排序，世界各地的不同族群的文明水平，也就有了"先进"和"落后"之分。

时至今日，种族理论作为一种过时的"知识"，早已遭到生物学家和社会学家的摒弃。包括脱氧核糖核酸（DNA）分析在内的现代科技成果证明，以生理或心理特征为标准的族群划分，准确度根本无法和基因图谱相提并论。事实上，基于基因图谱的族群划分，界线同样非常模糊。很多时候，所谓的划分，不过就是一种主观臆断而已。

实际的情况是，我们往往更加倾向于"以貌取人"。"以貌取人"的标准，既可以是肤色，也可以是诸如衣着、发型之类的其他因素，然而真正发挥更大作用的，往往还是社会文化想象。只不过社会文化想象的方式，经常会随时代语境的变化而变化。

今天的人们立足今天的时代语境，自然而然地认为"美索不达米亚"这个概念与种族理论无关，这个概念是我们基于近代历史建构出来的。[2] 话虽如此，臭名昭著的种族理论却依然潜伏在当代社

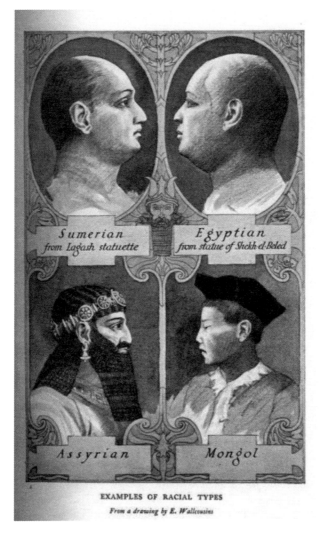

图 10 唐纳德·亚历山大·麦肯齐（D. A. Mackenzie）绘制的不同人种颅骨图示，出自 1915 年的《巴比伦和亚述神话》（*Myths of Babylonia and Assyria*）

会的表象之下。对于白人至上主义的矫枉过正[1]，以及那些以"超能力雅利安族群"为主角的故事传说，其实都是这种理论居心叵测的借尸还魂。

正是由于这个原因，1856 年，朱利斯·欧佩尔特在提出"究竟是哪个民族最早发明了楔形文字"这个问题的同时，还将问题的性质定义为"非常有意思的人种学探究"。3

鉴于语言通常被认为和种族存在紧密的关联，上述问题似乎很容易回答，因为这种被朱利斯·欧佩尔特命名为"苏美尔语"的古代语言属于都兰语系，后者通常也可以被称为"西徐亚语系"。都兰语被认为是雅利安语的原始形态，按照这个逻辑推演下去，苏美尔语便可以顺理成章地被尊奉为欧洲语言的鼻祖，当然也就是欧洲文化和国家认同的鼻祖。针对苏美尔语的研究，由此也就和西方人以雅利安种族神话为基础建立起来的身份认同发生了关联。

更加耐人寻味的是，雅利安人取得的成就，在当时还被视为一切人类文明的基石。4 同样发源于美索不达米亚的闪米特语系，则被看作都兰语的"他者"。如此一来，古代美索不达米亚的历史也就成了雅利安和闪米特两大族群相互竞争、此消彼长的历史。

对某些学者而言，这样的观点明显站不住脚。他们认为，所谓

---

[1]　作者指的是现在某些有色人种族群对白种人的反向歧视。

的苏美尔语并非是一种口头流传的语言，因此也就不存在真正的苏美尔族群。持这种反对意见的领军人物是一位研究闪米特语的专家，[5]名叫约瑟夫·哈雷维[1]。他在发表于1874年的一篇文章中声称，即便同属"黏着性语言"的苏美尔语和现代土耳其语、匈牙利语以及芬兰语存在很大的相似性，这种语言也只是一种人造语言，是闪米特语族的学者发明出来的一种学术专用语言。[6]

凭借令人信服的证据，约瑟夫·哈雷维还证明了古代语言和现代语言其实并不一定存在亲缘关系，这样的观点至今仍被很多当代语言学家所接受。按照他的观点，苏美尔语是一种相对孤立的语言，它跟任何现存已知的语言都不存在传承关系。与之相似的例子还有巴斯克语（Basque），这种语言今天只在比利牛斯[2]西部地区口口相传。

约瑟夫·哈雷维的其他理论，例如"苏美尔语只是一种祭祀专用密语"的观点，刚一提出便遭到了激烈反对。其中最强有力的反对者，就是朱利斯·欧佩尔特。两位学者持续数年的争论最终演化为带有更多个人色彩的意气之争。

从某种程度上说，约瑟夫·哈雷维的意图可能是在回击所谓

[1] Joseph Halévy，1827—1917年，出生在土耳其的法国犹太人，东方学家和旅行家，他是首位徒步穿越也门的欧洲人。
[2] Pyrenees，位于西班牙。

的"反闪米特主义"（anti-Semitism）。"反闪米特主义"的实质，是对犹太族群（people）的歧视，或者用那个时代的话来说，是对犹太种族[1]的歧视。类似这样的极端观念，曾在欧洲和北美国家广泛传播。

19 世纪 90 年代，随着数百件楔形文字泥板文书相继得到破解，反对约瑟夫·哈雷维理论的证据逐渐增多。越来越多的人相信，古代美索不达米亚的确流行过一种非闪米特语系的古代语言。朱利斯·欧佩尔特将这种古代语言命名为"苏美尔语"的做法，也获得了普遍接受。

在那之后的半个多世纪当中，约瑟夫·哈雷维继续坚持和发表自己的观点，直到 1917 年去世，也未曾发生动摇。

不惜一切代价，找到头颅！ [2]

凭借语言学方面的特质，苏美尔人最终被认定为一个独立的族群。相同的结论，似乎也可以从生理学角度得到确认。

早在公元 18 世纪，测量颅骨就成了区分不同族群的重要手

---

[1]　race，作者先后使用了 people 和 race 两个概念，后者的范围更窄一些。

[2]　原文为法语，A tout prix, trouvez des têtes。

段。解剖学家彼得鲁斯·坎珀[1]利用当时的科技，开创了一套绘制头颅侧画像系统，进而依据侧画像的不同线条角度区分人种。[7]这套流程的核心步骤是将绘制出来的头颅侧画像与保存在梵蒂冈（Vatican）的贝尔维德尔的阿波罗（Apollo Belvedere）标准像进行比较。之所以将这尊雕像奉为圭臬，是因为当时的学者相信古希腊人掌握了一种超越欧洲文化局限的现实主义表现手法，能够通过艺术创作，完美再现人类的身体细节。

早在启蒙运动（Enlightenment）时期，上述观念便已参与到那个时代的知识体系建构当中了。到了 19 世纪晚期，不同族群之间的生理差异，进一步成了种族划分和种族歧视的依据。依照不同的头部特征，人类族群被归纳为不同的类型，从长头型（颅骨长，脸型窄）到短头型（颅骨短，脸型宽），不一而足。

解剖学家在测量头骨的同时，还能对脑容量做出估算，判断脑子的大小。体量更大的大脑，意味着更高的智商。测量、估算某些个体得来的数据，往往还会被以偏概全地视为整个族群的代表。于是，欧洲高加索白种人，自然而然也就成了最聪明的人种。

这些陈年旧事，今天看来似乎纯属无稽之谈，放在那个时代，却是货真价实的"前沿科学"。更令人吃惊的是，当时的学者竟然

---

[1] Petrus Camper，18 世纪荷兰学者，他认为人的面部线条与智力直接相关，进而得出欧洲白种人比其他人种更聪明的结论。

以这套理论为依据，参考雕塑和浮雕上的人物形象划分人种。这些古代艺术品同样被视为人类意识对现实的"折射"，即便无法达到古希腊雕像现实主义的那种传神高度，但测量它们得来的数据，在人种研究领域，仍被认为具有重要意义。

　　研究苏美尔人，面临的主要问题就是美索不达米亚南部地区出土的雕像数量实在太少。真正在这方面取得突破，发掘出大量令人叹为观止的艺术杰作的人，名叫欧内斯特·德·萨尔泽克（Ernest de Sarzec），他是法国驻巴士拉的副领事。

　　就像很多其他欧洲同行一样，欧内斯特·德·萨尔泽克将自己的业余时间全部用于考古研究。在当地线人的指引下，他找到了特洛遗址[1]，还发现了很多铭文和雕像。该处遗址在重见天日后的数十年当中，曾被认为是历史上的拉格什（Lagash）古城，现在则被重新认定为附属于拉格什的小镇吉尔苏（the town of Girsu）。

　　在遗址中的某处废墟底层，出土了一尊比真人稍大一些的闪长石（diorite）材质的男性雕像上半部分。雕像残片的出土，激发了欧内斯特·德·萨尔泽克展开深入发掘的兴趣。1877 年，经过不受土耳其辖制，实际统治当地的蒙塔菲克部落[2]酋长奈尔的批准，发掘行动正式开始。巨型雕像的下半部分很快被发现呈大头朝下的姿

---

[1]　the mounds of Tello，位于今伊拉克南部。
[2]　the Muntafiq Arabs，生活在巴士拉的一个阿拉伯土著部落。

图 11　拉格什王朝古地亚国王坐像，完成于公元前 2150 年前后，来自伊拉克的特
洛遗址，出土时雕像头部和躯干相互分离

态，埋藏在整个废墟的上层。恢复完整的雕像刻画的是一位坐着的男性，身穿过膝长袍，左肩袒露。一长串楔形文字苏美尔语铭文镌刻在长袍前襟，位于膝盖下方的位置。

1877—1881 年，欧内斯特·德·萨尔泽克相继又找到了 8 尊更大的雕像，其中有些是立像，有些是坐像。铭文显示，这些雕像是古地亚国王，也就是拉格什统治者的象征。古地亚国王将这些雕像作为祭品，献给了神。

沉重的巨型雕像随后被装船运往巴黎陈列展览，获得了极高的美学评价，甚至被认为其艺术水平高于亚述文化中的同类作品。这些雕像因此得以入住卢浮宫，后者甚至为此专门成立了东方文物馆（Oriental Antiquities）。

既然雕像的原型是苏美尔人，一个问题便随之而来——他们的头，也就是能让后人了解苏美尔人到底长什么样子的关键部位，全部遗失不见了。卢浮宫东方文物部的新任馆长莱昂·厄泽（Léon Heuzey）为此特意给欧内斯特·德·萨尔泽克写信，要求他不惜一切代价，找到头颅（A tout prix, trouvez des têtes!）。

属于这些雕像的两颗头颅，后来在特洛遗址中被找到，并得到测量。由于它们都是残片，因此也就根本无法真正确定雕像头颅的原型到底是苏美尔人，还是闪米特人。这时，针对某些特定族群的偏见，又潜移默化地发挥了作用。

人们通常认为，闪米特人是留胡子的，因为《圣经》本身就对剃须持谴责态度。属于闪米特人种的亚述人刻画的国王和官员的浮雕形象，也大多留着卷曲的长胡子。与此相反，特洛遗址发现的两颗雕像头颅的下巴全都剃得干干净净，其中的一颗还留了光头，它们于是被认定为苏美尔人无疑。

1903 年，由于之前发现的一尊雕像的躯干恰好能和其中的一枚头颅相匹配，欧内斯特·德·萨尔泽克将两部分结合到一起，拼出了第一尊完整的古地亚雕像，上述结论似乎最终得到了印证。当然，这已经是后话了。

随着雕像头颅的出土，以体貌特征为依据，对苏美尔人进行人种划分，就此获得了先决条件。1889 年，这项工作的成果在巴黎世博会公布。那届世博会设立了一座以不同历史文明时期人类生产劳动为主题的展厅：

> 此处的一座大厅陈列了林林总总，宛如真人大小的男女造型塑像。塑像包括最早的身披兽皮，手持劳作旧石器的法国穴居人类；一位克罗马农人[1]男性带着他的妻子，正在雕刻一只鹿角；几位古代墨西哥人使用龙舌兰纤维编织的渔网捕鱼；

---

[1] Cro-Magnon，欧洲早期智人，最早在法国的克罗马农地区发现，故以此命名。

几名正在支石墓[1]模型中工作的工匠，这座模型也是欧洲现有最著名的作品之一；几个正在用燧石打火的男士；拥有刚果人外貌的最早的铁匠，正在使用石质的工具和猴皮做的风箱；一组表现青铜时代的群像；搭建帐篷的工匠和住在里面的人；中国的陶匠和景泰蓝匠人；身边环绕着代表性器物和楔形文字铭文的亚述雕刻师；制作漂亮的黑、红两色陶器的希腊陶匠[2]，这种陶器通常被称为"埃特鲁斯坎"；还有纺线织布的罗马妇女等。8

　　展厅正中，由一幅来自尼姆鲁德的亚述浮雕石膏复制品充当背景，以欧内斯特·德·萨尔泽克发现的雕像为原型的上色石膏模型，身披袍服，端坐在浮雕前面。模型头部的原型，是一位生活在巴格达附近的现代阿拉伯人，他在人种学上被认定为是苏美尔人的后裔。

　　特洛遗址的考古挖掘，随后还出土了很多更加令人吃惊的文物，其中包括更多带有苏美尔人形象的石头浮雕。遗憾的是，人们对这些文物的具体出处仍旧所知甚少，因为欧内斯特·德·萨尔泽

[1]　dolmen，史前墓葬的一种形式，主要分布在东北亚地区。
[2]　公元前 8—前 3 世纪，生活在意大利的古代民族，他们的建筑和器物通常使用红、黑两色的装饰图案。

克在发掘过程中，很难将建筑物使用的砖坯和自然沉积的泥土明确分开。尽管如此，这些文物仍被认为来自一座神庙。

来自特洛遗址的某些浮雕描绘了古地亚国王觐见神灵的场景，这些神灵蓄有胡须，明显具有闪米特人的特征。应该如何解释这种反常现象呢？某些学者认为，这无疑说明闪米特人开始在美索不达米亚南部生活的时间要比苏美尔人更早。后者征服了原先的土著居民以后，只是简单地把他们的信仰体系全盘拿了过来。

一个问题解决了，新的问题又随之而来——既然苏美尔人不是美索不达米亚的土著，他们究竟从何而来？

美国人来了

直到此时，参与中东政治和经济博弈的始终都只是欧洲人，他们的所作所为，客观上让古代美索不达米亚文明重新回归我们的视野。

1883 年，美国东方学会（American Oriental Society）在明显的民族主义激情驱使下，做出决定——既然英、法两国在亚述和巴比伦探索领域取得了如此令人瞩目的成就，我们当然不能袖手旁观，有理由向当地派出一支美国探险队。[9] 促成上述决定的最主要原因在于全美各地的大学普遍拥有悠久的《圣经》研究传统，来自美索

图 12　1889 年，巴黎世博会的古地亚复原像

不达米亚的文物，可以被用来印证和补充《圣经·旧约》的相关内容。

1884年，沃尔夫探险队（Wolfe Expedition）相继造访美索不达米亚的多个地区，意在寻找合适的发掘地点。位于巴格达以南180千米的尼普尔最终胜出。为了确保获得发掘许可，美国人着意加强了他们和君士坦丁堡的帝国博物馆馆长奥斯曼·哈马迪·贝伊[1]的关系。

法国考古学家完成世博会展出的那组模型以后，1894年，也就是土耳其颁布新规，将各类文物划归国有，同时严厉打击非法走私文物的第10年，宾夕法尼亚大学（University of Pennsylvania）授予奥斯曼·哈马迪·贝伊荣誉学位。在这样的背景下，未来造访美索不达米亚的西方科考队，自然而然就会希望后者在文物出境的问题上，能够大开方便之门。

1889年，资金到位的宾夕法尼亚大学巴比伦探险队随即展开了在尼普尔的工作。这支探险队由希伯来语教授约翰·庞尼特·彼得斯（John Punnett Peters）领导，约翰·海斯（John Hayes）担任摄影师，亚述学专家赫尔曼·希普莱西特（Hermann Hilprecht）负责承担出土铭文的破解工作，他们的主要关注点是一座巨型庙塔遗

---

[1] Osman Hamdi Bey，土耳其考古学家和画家。

址及其周边区域。

这个区域最南端的一座土丘由于出土了数万件完整的楔形文字泥板文书和残片，以及其他政府文件和法律文书，后来被探险队命名为"泥板山"（Tablet Hill）。来自"泥板山"的文物，在美索不达米亚考古研究过程中，是关于古代苏美尔文字和文学的最重要发现，它们后来被分别保存在君士坦丁堡和费城两地。

此次科考成果的重要性与探险队本身面临的窘境形成了鲜明对比。他们遭遇的困难首先是资金不足，其次是很难在当地找到协助发掘的工人。更糟糕的是，探险队还和土著部落发生了流血冲突，作为报复，后者洗劫了他们建在尼普尔西部土丘顶上的营地，将它付之一炬。探险队内部的私人纠纷，尤其是赫尔曼·希普莱西特和约翰·庞尼特·彼得斯这两位学者间的恩恩怨怨，则让形势雪上加霜。

开始读懂苏美尔语

从尼普尔得到的数千件泥板文书，需要经历漫长而缓慢的修复、破解过程。所幸在 1900 年探险队正式解散以前，他们已经在解读苏美尔语方面，取得了重要进展。1905 年，弗朗索瓦·蒂

图 13　拉格什王朝古地亚国王的黏土椭圆形印章，出土自伊拉克特洛遗址，完成于公元前 2150 年前后

罗—丹然[1]出版的《苏美尔与阿卡德铭文》(*Inscriptions de Sumer et d'Akkad*)一书说明，当时的学者对这种语言有了初步的了解。

　　这本书里包含了很多欧内斯特·德·萨尔泽克发现的，对出土自特洛遗址铭文内容的翻译。事实上，特洛遗址中总计出土了约 4 万件楔形文字泥板文书。由于欧内斯特·德·萨尔泽克采取的安保措施不力，数量相当可观的出土文物可能已经在他不知情的情况下

[1]　François Thureau-Dangin，法国学者，苏美尔学的开创者之一。

被偷走，卖到文物黑市去了。这些被盗文物，目前散落在世界各地的博物馆。

经弗朗索瓦·蒂罗—丹然之手得到破解的最重要苏美尔文献，是一对高度超过 0.5 米的巨型中空黏土圆柱。这对圆柱是考古挖掘开始后的头一个月，欧内斯特·德·萨尔泽克在一处下水道里发现的。

其中一根圆柱上的铭文显示，古地亚国王之所以要为宁吉尔苏[1]，也就是拉格什古城的守护神修建一座神庙，是因为在梦中得到了暗示。另一根圆柱上的铭文则记载了神庙中的祭祀活动，殿堂的装饰，以及得到供奉的各位神灵的名字。这些神灵的名字说明，在那个时代，不同的苏美尔城邦，都有自己青睐的特定神灵。例如，主神恩利尔居住在尼普尔，月神南纳在乌尔城最受尊敬，乌鲁克的守护者则是女神伊南娜（Inana/Inanna）。

全世界最古老的雕像

石灰岩雕像右肩上的苏美尔语楔形文字铭文的意思是：献给艾萨神，卢伽尔—德鲁，阿达卜的王 [For the（temple）E-sar.

---

[1] Ningirsu，苏美尔神话中的战神。

Lugaldalu, king of Adab][1]。

"卢伽尔—德鲁"这个名字只在这尊 78 厘米高的雕像上出现过，雕像曾是献给神庙的祭品，它呈站立姿态，双手交叉互握在胸前，身穿簇绒（tufted）短裙。鼻梁上方的眼睛和连在一起的眉毛，可能被填充过颜色。

1904 年，卢伽尔—德鲁雕像在位于特洛遗址以北大概 65 千米的比斯马亚古城（Bismayah/ancient Adab）被发现。在随后的数十年当中，这处遗址始终吸引着考古学家的注意，还成为了现代人对苏美尔文明进行文化想象的立脚点。这座雕像本身的故事，也暴露了当代文物收藏领域的某些阴暗面。

虽然实际主持卢伽尔—德鲁雕像发掘工作的是代表芝加哥大学的埃德加·班克斯（Edgar Banks），这尊雕像今天却被保存在位于伊斯坦布尔的古代东方艺术博物馆（Museum of Ancient Oriental Art / Eski Sark Eserleri Müzesi）。雕像出土的那个时代，奥斯曼土耳其帝国的学者就像他们的西方同行一样，对于那些能够代表本国、本民族特有属性，以及代表其他文化特质的文物异常敏感，追溯种族起源由此成了挖掘国家文化之根的常用套路。

---

[1] 这尊雕像的原型是公元前 3000 年前后，美索不达米亚南部阿达卜城邦的统治者，名叫"德鲁"，"卢伽尔"是一种名誉头衔，但是这个名字并没有出现在苏美尔王表中。

图 14　乌玛国王卢伽尔—德鲁雕像，出土自伊拉克比斯马亚遗址，完成于公元前 2500 年前后

土耳其人世代相传的土耳其语属于黏着性语言，这种语言被顺理成章地认为和苏美尔语存在亲缘关系，尽管类似这样的关系实际并不存在，纯粹就是臆想。基于臆想出来的"亲缘关系"，欧美科考队在当时实际受土耳其控制的美索不达米亚取得的考古成果，很快便被纳入了当代土耳其自身的国家历史构建当中。

正如之前已经谈到的那样，自 1884 年开始，当地的所有出土文物都被视为土耳其的国家财产，它们的出口受土耳其文物部（Department of Antiquities）的控制。1891 年，土耳其政府在君士坦丁堡的托普卡普皇宫（the Topkapı Palace）还筹建了一座博物馆，专门用于展示那些遭到截留的文物。

对外国探险队而言，这样的规定无异于当头一棒。于是，埃德加·班克斯就像他的很多前辈一样，开始耍手腕，绕开这些规定，换言之，也就是破坏这些规定。1903—1905 年，身在比斯马亚古城遗址主持挖掘工作的他留下了翔实的记录，并将其出版成书，后人因此得以对那段经历管窥一斑。[10] 这本书的标题是"一个以最古老的巴比伦城市遗迹为背景的冒险、探索和发掘故事"（*A Story of Adventure, of Exploration, and of Excavation among the Ruins of the Oldest of the Buried Cities of Babylonia*），书中内容描写之详细，甚至可以直接成为佛罗里达[1]那些事业犹如昙花一现的电影制作者的拍摄素材。[11]

埃德加·班克斯曾在哈佛大学以研究生的身份，学习过闪米特语和相关历史，随后远赴柏林，受教于弗雷德里克·狄特里希教授[2]，最终在 1897 年取得博士学位。基于这样的教育背景，埃德加·班克斯对美索不达米亚产生浓厚的兴趣，也就不足为奇了。

鉴于这个领域的几位考古前辈都拥有外交领事的身份，埃德加·班克斯也向美国政府提出申请，随即被任命为美国驻巴格达的领事。不过他在抵达美索不达米亚后不久，就发现自己的薪水异常微薄，于是只好选择辞职。好在埃德加·班克斯离职返回美国以前，已经找到了一处理想的考古发掘地点，这就是乌尔古城遗址。

通过芝加哥大学筹集到足够的经费后，埃德加·班克斯向君士坦丁堡方面提出申请，准备开始发掘。足足等了一年之后，结果却被拒绝了，因为那个地区的阿拉伯人爆发了起义。无奈之下，埃德加·班克斯转而申请发掘其他遗址。

1903 年 9 月 26 日，土耳其政府终于准许他对比斯马亚古城进行发掘。之后的一年时间里，埃德加·班克斯从当地部落招募了120 名工人协助挖掘。考古过程中，各种古代建筑和相关艺术品不

----

［1］　好莱坞位于佛罗里达。
［2］　Professor Friedrich Delitzsch，1850—1922 年，主要成就是亚述学和《圣经》研究。

断出土，其中就包括若干刻有苏美尔语铭文的石质装饰花瓶残片。

说起 1904 年 1 月 26 日的那个特殊时刻，埃德加·班克斯始终念念不忘，他认为自己在这天取得了最重要的考古发现：

> 一位来自阿佛杰（Affej），名叫阿巴斯（Abbas）的机灵阿拉伯青年，跟随同组的工友，在庙塔西边的壕沟里工作时，突然探出头来看着我，两只眼睛激动得放光。我还没来得及跑到他的身边，和他同组的工人们便发出了意味着有重要发现，同时也意味着当天有可能拿到双份工资的欢呼声。这些人把枪掏出来，朝天鸣放，还把镐头、锄头、土筐之类的东西，举过头顶，不停挥舞。其他小组的上百名或者数量更多的工人则停下手里的活儿，带着嫉妒的表情望着他们，想要弄明白这阵突如其来的欢呼到底意味着什么。
>
> 我爬进壕沟，两眼放光的阿巴斯努力压抑着内心的冲动，指着墙基上一处洁白、平滑的表面，嘴唇凑近我的耳朵，轻声说：“雕像！雕像！”[12]

由于材料有限，我们对这尊雕像的来历仍然所知甚少。关于古代美索不达米亚的王族传承世系，出自亚述和巴比伦的古代文献，乃至《圣经》的相关记载中，都曾有过不同的叙述。这个地区有据可查的最早统治者通常被认为是阿卡德城邦的萨尔贡大帝[1]。按照通常的说法，他的孙子纳拉姆辛（Naram-Sin）后来继承祖业，逐步控制了美索不达米亚的大部分地区。

这两位统治者的在位时间，可以依据一段出自那波尼德斯国王[2]（公元前 555—前 539 年在位）统治时期的铭文，大致推算出来。据这段铭文记载，那波尼德斯执政期间，一处兴建于纳拉姆辛国王时代，已经消失了 3200 年的建筑遗迹重见天日。

20 世纪初的学者认为铭文的内容基本准确，据此推断纳拉姆辛的在位时间应该在公元前 3750 年左右，萨尔贡大帝的在位时间则在公元前 3800 年前后。前文提到的卢伽尔—德鲁雕像被掩埋在带有萨尔贡大帝姓氏铭文的砖坯之下，他所属的年代便被放在了苏美尔王表最靠前的位置，最早可能是公元前 4500 年。

埃德加·班克斯以此为依据，在写给芝加哥大学的报告中声称，自己发现了全世界"年代最早的雕像和铭文"。[13] 随后，他还在《美国科学》（*Scientific American*）杂志上发表了名为《苏美尔的大卫王》（*Statue of the Sumerian King David*）的论文。雕像肩膀上的楔形文字起初被解读为"达乌德"（Daudu），与"大卫"这个名字的发音非常接近，埃德加·班克斯因此认为，《圣经》中的大卫王，

---

[1]　Sargon，又称"萨尔贡一世"，公元前 2335—前 2279 年，阿卡德帝国的建立者。
[2]　Nabonidus，新巴比伦王国的第五任君主。

图 15 眼睛为象牙材质的石膏头像（眼睛中的蓝色为现代填充），出土自伊拉克比斯马亚遗址，完成于公元前 2100 年前后

就是苏美尔人的祖先：[14]

> 我在比斯马亚发现了全世界年代最古老的雕像，也就是大卫王的雕像。雕像上的各类特征显示，苏美尔人拥有笔直的高鼻梁，身材孔武有力，习惯剃头和刮脸，身上全部的衣物就是一件围在腰部的短裙。

特洛遗址[1]也出土过不少完成于公元前 2800 年的类似雕像，其中的多数样本都具有苏美尔人的身体特征。

比斯马亚的挖掘行动发现了很多萨尔贡大帝和纳拉姆辛时代的铭文，其中大部分都是以苏美尔语写成的商业记录。这些文本因此被认为是已知最早的闪米特语文献，其创作年代可以追溯到闪米特人刚刚在地球上出现的时候。

我在比斯马亚还获得了一项可能令闪米特历史研究领域的学者更感兴趣的发现。一位工人抡着镐头，沿比斯马亚遗址的南部边界挖掘时，突然刨到了一块硬东西。他把这块东西捡起来，拂去尘土，露出了一具保存非常完好的大理石头像。这具头像的面容跟此前古巴比伦地区发现的其他头像都不一样，他的脸型很窄，上唇挂着两撇小胡子，下巴上则留着闪米特风格的山羊胡……他的鼻子长得特别有闪米特韵味……这具头像应该不是苏美尔人；这些闪米特人的生理特征，伴随出土的闪米特语铭文，再加上这座城市曾被早期的闪米特国王们占据，如此之多的事实，无疑指向一个结论——头像的原型是一个闪米

---

[1]　Telloh，此处原文多了一个 "h"，应该是不同年代的写法略有区别。

特人。[15]

以上就是那次考古活动取得的主要成就。就像曾在尼普尔从事挖掘工作的同行一样，埃德加·班克斯和他手下的工人在比斯马亚的生活并不轻松。可怕的沙尘暴经常突袭他们的营地，全副武装的强盗日复一日，不断制造麻烦。由于夏季到来，气温升高，科考队决定暂停工作，等待情况好转。这次挖掘找到了大量文物，以及将近2000块楔形文字泥板文书，它们随后全部被运往芝加哥保存。

话说到这儿，土耳其政府制定的法规为什么没能发挥效力呢？

真实的情况是，装箱打包的文物在报关文件的名录中全部被标记为“蜂蜜和吗哪[1]”。时至今日，类似这种偷梁换柱的手法，仍是文物走私的惯用套路，甚至经常被用来销赃。

由于比斯马亚当地的武装匪徒仍在不断骚扰考察队营地，埃德加·班克斯非常担心自己手中的最重要“战利品”，也就是卢伽尔—德鲁雕像的安全，害怕它被偷走或毁掉。于是，他抓住机会，用马匹将雕像驮运到底格里斯河边，然后装船向北运往巴格达。雕像运抵巴格达后，被藏在美国领事馆的一张床铺底下。种种迹象显示，埃德加·班克斯打算把它也偷偷运回芝加哥。虽然他很明白，做这

---

[1] manna，《圣经》中，上帝赐给以色列人的一种神奇食物。

种事可能带来严重的后果：

> 雕像运回芝加哥的消息一旦走漏出去，麻烦立刻就会找上
> 门来。因此，在随后的若干年中，必须对此事严格保密。从另
> 一方面来看，雕像本身所具有的巨大价值，确实也值得铤而走
> 险。我怀疑今后是否还能找到比它更有价值的文物。[16]

意识到某件文物意义重大，应该精心保护的同时，埃德加·班
克斯想到的却是用非法的手段把它走私出境。

就卢伽尔—德鲁雕像这个案例来说，土耳其方面其实很清楚
地知道就是埃德加·班克斯偷了雕像，于是不再准许下一阶段的发
掘工作继续进行。只是迫于来自巴格达美国公使馆的压力，埃德
加·班克斯才被重新任命为这项工作的负责人。那之后又过了 6 个
月，到了 1905 年 8 月，卢伽尔—德鲁雕像又被"挖掘出土"，交到
土耳其官方手中。

苏美尔人的起源

苏美尔人的故事无法与土耳其官方的历史完全合拍，那些试图
追溯西方文化之根的欧美国家也面临着同样的问题。参与这项"寻

根"活动的学者之一，名叫格特鲁德·贝尔。这位学者不仅在伊拉克现代转型的过程中发挥了重要作用，还通过构建地区历史的方式，塑造了现代伊拉克的国家意识。她给这片土地带来的影响，甚至超出了古代苏美尔文明。

格特鲁德·贝尔出生在英国北部杜伦（Durham）郡的一个富裕工厂主家庭，属于英国首批接受大学教育的女性，曾在牛津大学获得现代史学士学位。依靠家庭提供的金钱资助，取得学位的格特鲁德·贝尔开始了自己的游历生涯。这段经历包括长时间驻留波斯（1892），以及穿越巴勒斯坦（Palestine）和叙利亚的几次旅行（1899—1900）。游历途中，格特鲁德·贝尔以优美的文笔，将沿途见闻通过写信和拍照的方式，分享给她的父亲——雨果·贝尔爵士（Sir Hugh Bell），随后又将这些信件和照片结集整理成书。

格特鲁德·贝尔所掌握的历史和考古领域的知识，决定了她感知世界的方式，也决定了她对于东方世界的理想、浪漫期许。对格特鲁德·贝尔来说，有别于受到西方现代文化浸染的城镇地区，当地的那些乡土部落社会，始终散发着无穷的魅力。

就像很多同时代学者一样，"阿拉伯人""土耳其人"和"库尔德人"这几个词，在格特鲁德·贝尔的笔下，如同历史上的苏美尔人和阿卡德人，一直都是某种抽象的概念，而非活生生的族群。这些抽象的概念背后，蕴含着某些程式化的"知识"。诸如此类的"知识"一旦得到归纳和解读，受到它们规训和灌输的西方人，也就可以从总体上，以偏概全地去理解阿拉伯人、土耳其人和库尔德人的行为动机、处事方式和世界观。[17]

正是在这样的知识背景下，格特鲁德·贝尔对学术界关于西方文明起源，尤其是西方文明与中东文化渊源方面的争论表现得非常痴迷。1909 年和 1911 年的两次中东之行，对她思想体系的形成具有重要意义。通过这两次旅行，格特鲁德·贝尔不仅了解了生息繁衍在那片土地上的人们，以及他们生活的方方面面，也接触到了那里的古代文化和古城遗迹。她的足迹所到之处，就包括由德国人主导发掘的亚述古城（ancient Ashur）和巴比伦古城遗迹。

格特鲁德·贝尔来到亚述古城时，德国考古学家沃尔特·安德烈[1]正在指导整片遗址的清理工作。在这片遗址的范围内，有一座自公元前 3000 年中期以来，经历过反复重建的神庙。神庙中发现的一组石刻雕像，与比斯马亚出土的雕像年代一样久远。雕像或站或坐，穿着过膝长袍或簇绒裙，很可能也是献给神的祭品。沃尔特·安德烈随后证实，这些雕像曾被安放在沿神殿内墙修建的一座砖台上，意在表达对居住在那里的神灵的永久侍奉之意。与亚述古城遗址不同的是，巴比伦古城的历史虽然可以追溯到公元前 1000

---

[1]　Walter Andrae，下文提到的罗伯特·科尔德威的副手，他们一起发现了古巴比伦的空中花园和通天塔。

年，遗址中却从未出土过类似的古代雕像。

逗留古城遗址期间，格特鲁德·贝尔找到机会，与另一位德国考古学家罗伯特·科尔德威[1]探讨了有关苏美尔人起源的问题，后者从 1899 年开始，便主持这里的发掘工作。1914 年 3 月 31 日，格特鲁德·贝尔在写给父亲的一封信中，这样说道：

> 6 时 30 分，与罗伯特·科尔德威共进早餐后，我们一同出门，来到发掘现场……这里肯定是一处我们所知甚少的史前文明遗迹……他认为曾经生活在这里的古人，必定是闪米特人。苏美尔人后来夺取了这里，吸收了当地文明，从而受到这种文明的影响。[18]

基于从语言学研究领域获得的证据，苏美尔人被认定为雅利安人种。他们为美索不达米亚南部地区，也就是原属闪米特人的那片区域，带来了另一种文明形式。问题在于，这种文明形式又是从何而来的呢？

由于美索不达米亚西面的沙漠地带同样属于闪米特人的活动范围，因此显而易见，苏美尔人只能来自东方。苏美尔语由此被划归

---

[1] Robert Koldewey，1855—1925 年，德国近东考古学家。

到了都兰语的范畴，苏美尔人的故乡则被认为应该是中亚的某个地方。类似这样的结论，也可以从时至今日，仍然不断为我们的历史想象提供灵感的《圣经》中找到依据：

> 那时，天下人的口音、言语都一样。他们从东方迁徙而来的时候，在示拿地（the land of Shinar）遇见一片平原，然后就住在那里。
>
> 钦定版《圣经·旧约·创世记》（*King James Version, Genesis*）[1]

"示拿"的发音跟阿卡德语中的"苏美尔"发音相似，这两个地名自然而然也就被画上了等号，认为指的都是美索不达米亚的南部地区。这可能是公元前 1000 年以后，对阿卡德语地名的沿用。[19]

苏美尔人是一支来自东方的特殊民族，类似这样的"知识"，从此便根深蒂固地植入了学者们的知识谱系当中。正因如此，直到 20 世纪 70 年代，叙利亚马里（Mari）古城遗址考古发掘工作的负责人，法国学者安德烈·帕罗特[2]才会这样自问自答。

---

[1]　公元 1611 年，英王詹姆斯一世下令修订出版的《圣经》版本，这个版本的《圣经》构建了英语世界对《圣经》的基本印象。

[2]　André Parrot，法国考古学家和神学家。

苏美尔人究竟来自何处？他们无疑来自东方。毫无疑问，他们并非美索不达米亚的最早居民。关于这一点，《圣经》中也有明确记载，那片地上曾经发生过一次大移民。那次大移民以东方为起点，以美索不达米亚为终点。

我们因此可以毫不犹豫地将“诺亚（Noah）的子孙”和“古代苏美尔人”这两个概念画上等号。[20]

类似这样的观点可能会遭到质疑，然而随着考古发掘活动的不断进行，以及相关理论的持续发展，我们终将看到一幅不同于以往的、更加复杂的历史画卷。

第 3 章

入侵、占领和所有权

到了1900年，西方人通过建构历史，侵吞当地古代文物，将它们变成自己国家博物馆展品的方式，已经在中东地区实施了将近一个世纪的文化殖民。西方国家对这个地区政治生活的直接干预，则被进一步解读为盎格鲁—撒克逊和俄罗斯两种文明形态在伊朗和中亚地区的角力。

1907年，这场角力终于迎来了结果，双方达成协议，各自在当时的波斯划分属于自己的势力范围。俄罗斯牢牢控制着这个国家的北方，英国则对它的南部地区，尤其是和印度接壤的部分，充满觊觎。双方都无暇顾及的中部，只能留给日渐衰颓的恺加王朝[1]。形势发展到这个地步，讲述中东历史的话语权便直接落在了西方列强手中。当地最重要的资源——石油，也将在这个过程中潜移默化地发生作用。

穆扎法尔丁·沙国王[2]上任伊始，就面临着严峻的财政危机，国王本人和他的前辈们奢靡无度的生活作风，令这种情况雪上加霜。1901年，国王将伊朗西南部的石油开采权卖给英国商人威廉·诺克斯·达西[3]。7年以后，油井出油。1909年，盎格鲁—波斯石油公司（Anglo-Persian Oil Company），也就是后来英国石油公

---

[1] Qajar shahs，1779—1921年统治伊朗的封建王朝。
[2] Mozaffar od-Din Shah，1896—1907年在位。
[3] William Knox D'Arcy，1849—1917年，英国石油公司创始人。

司（British Petroleum）的前身正式成立。按照合同规定，公司的控制权牢牢掌握在英国人手中。

来自伊朗的石油帮助英国摆脱了对美国的依赖，以石油为燃料的内燃机迅速取代了烧煤的蒸汽机。英国政府因此决定出资购买盎格鲁—波斯石油公司的控股权（51% 的股份），由此控制了公司旗下的全部油井，以及位于波斯湾沿岸，作为石油运输港口的阿巴丹岛（Abadan）。值得一提的是，阿巴丹岛紧邻土耳其控制的美索不达米亚南部，该岛的军事价值由此得到进一步凸显。

时间到了 1914 年，欧洲列强分化为两大集团。一方是以英、法、俄为首的协约国集团（Triple Entente），另一方是以德国、奥匈帝国和土耳其为首的同盟国集团（Central Powers）。欧洲战场开战时，英国在中东地区的关注点是确保苏伊士运河（the Suez Canal）的控制权，这么做的目的是扼守连接伊朗盎格鲁—波斯石油公司油田和印度的交通要道。在这样的背景下，土耳其人控制的美索不达米亚就成了一个明显的威胁。

1914 年 11 月，以印度士兵为主力的英军夺取了巴士拉，随后又在次年向底格里斯河沿岸进军。这支部队在库特阿玛拉（Kut al-Amara）遭到土耳其军队合围。围城战从 1915 年 12 月 7 日持续至 1916 年 4 月 29 日，最终以 13000 名幸存英军举手投降告终。多数幸存者后来被关进战俘营，成了异乡之鬼。

那之后又过了一年，英军重新夺回主动权。1917 年 3 月 11 日，他们沿底格里斯河上溯，在没有遭遇抵抗的情况下，进入巴格达。英军夺取巴格达后不久，斯坦利·毛德将军[1]发布命令，规范管理当地的考古遗址和文物贸易，同时还声称对任何破坏行为严惩不贷。

基于这样的命令，类似巴比伦古城这些原先由德国考古学家主持发掘的古迹，顺理成章地被转交到英国人手中，成了那些休假英国士兵的旅行目的地。他们的兴趣点是那些个头不大、容易带走的小玩意儿，很多与之前风格迥异的文物因此被挖掘了出来。

1917 年 4 月，英国陆军的几名印度锡克族（Indian Sikh）士兵挖战壕时，在底格里斯河沿岸，萨迈拉古城（Samarra）以南大概 13 千米的一座瓦砾堆脚下，英土两军对峙的前沿阵地，找到了一件小型雕像。只可惜雕像的正面被发现它的士兵用镐给刨坏了。这个团的指挥官后来将雕像捐赠给了阿什莫林博物馆。

1920 年，牛津大学的亚述学教授史蒂芬·赫伯特·兰登（Stephen Herbert Langdon）发表文章，阐述了这尊雕像的历史和文化价值：

---

[1] Stanley Maude，1864—1917 年，英国陆军中将。

德国科考队已经在底格里斯河上游发现了苏美尔人在亚述的早期定居点。已知的某些哲学、宗教学和文学作品显示，这个古代民族起源于俄国突厥斯坦[1]，他们抵达美索不达米亚以后的最早居住地，应该就在底格里斯河和幼发拉底河的上游地区。

新发现的这尊大理石雕像，为上述关于苏美尔人早期迁徙历史的观点提供了证据……雕像面容的刻画虽然非常简略，却体现出明显的苏美尔人特征。

另一尊出土于古代亚述文化堆积层底部的相同时期石灰岩雕像，头部也体现出相同的人种特征，尤其是两只内陷的深眼窝……古代亚述文化堆积层底部已经出土了很多身披羊毛短裙的雕像，这可能是早期苏美尔人的民族服装。[1]

苏美尔人的羊毛短裙（petticoat）被史蒂芬·赫伯特·兰登称为"kaunakes"，这个单词在阿里斯托芬[2]的希腊语剧本《黄蜂》（*The Wasps*）中的意思是斗篷（cloak）。如此一来，也就等于是对苏美尔人的民族属性做出了间接判断，让苏美尔和古希腊这两大文明搭上

---

[1]　Russian Turkestan，包括哈萨克斯坦、吉尔吉斯斯坦、塔吉克斯坦、土库曼斯坦和乌兹别克斯坦在内的中亚五国在沙皇俄国时期的名称。

[2]　Aristophanes，古希腊戏剧家。

了关系。

史蒂芬·赫伯特·兰登行文时,非常爱用"假设"(assuming)这个词(这个词在他的文中反复出现)故作高深。例如,他假设苏美尔人穿簇绒服装是为了适应炎热的气候,因为赤裸上半身可以让身体更加凉爽。再比如说,他假设如果"kaunakes"这种服装是从更暖和的南方传入古代亚述的,那么从中亚地区迁徙而来的第一代苏美尔人,不就是这种服装的发明者吗?

类似这样的"如果"重复了一次又一次,史蒂芬·赫伯特·兰登似乎从未想过,这套服装可能具有某种特定的宗教意味。

得到苏美尔人

有些奇怪……

大英博物馆的一位雇员亨利 / 哈瑞·霍尔[1]这样写道:

大英博物馆对这个地区(乌尔古城)的首次发掘行动始于克里米亚战争期间[2],第二次则在1914—1918年第一次世界大战期间,似乎每次战争都为考古学带来了某种机缘。[2]

---

[1] Henry(Harry)Hall,原文如此,下文为行文方便,统称亨利·霍尔。
[2] the Crimean War, 1853—1856 年,俄罗斯与英国、法国为争夺小亚细亚地区爆发的战争,战场在黑海沿岸的克里米亚半岛。

图 16　来自伊拉克伊斯特巴拉特（Istabalat）的还愿雕像，完成于公元前 2400 年前后

对于无时无刻不在等待挖掘时机，幻想将当地文化遗产收入囊中的英国考古学家而言，的确如此：

> 根据来自美索不达米亚的报告，大英博物馆的代理人与军方达成协议，将向战场派遣随军考古学家。这么做，首先是为了保护那些绝对不容破坏的古迹，同时也是为了抓住机遇，开展发掘行动。
>
> 相关协议已经达成。情报部门的罗纳德·坎贝尔·辛普森上尉（Captain R. Campbell Thompson，Reginald Campbell Thompson）之前就是大英博物馆的雇员，还是一流的亚述学家，投笔从戎后，有幸被派往美索不达米亚服役。
>
> 抵达当地的上尉对乌尔古城遗址进行了短暂考察，决定在埃利都遗址展开发掘。在 1918 年的探挖行动中，他们着重在被认为具有重要价值的遗迹沉积层打了几口探井……虽然很想去乌鲁克、拉尔萨（Larsam）和乌玛[1]碰碰运气，但是条件不允许，因为那些地方不在军队的控制范围内，很容易受到生活在湿地区域的蒙塔菲克部落无休无止的野蛮侵扰。
>
> 两河流域没有一处安全的地方，谁都不想出事。[3]

---

[1] Umma，古代苏美尔城邦，之后统一美索不达米亚，建立了乌玛王朝。

罗纳德·坎贝尔·辛普森上尉返回英国休假后，亨利·霍尔接手了他的工作。依靠被俘的土耳其军人，以及花钱雇佣的当地人，他先后对乌尔古城和埃利都遗址展开了挖掘工作。

恰恰是在欧贝德遗址所属的区域，亨利·霍尔的发掘成果不再局限于史前陶器、砖坯建筑和相关铭文。一处从位于乌尔古城西北方向大约 5 千米的小型遗址出土的某些器物，将会令世人对古代苏美尔艺术家的水平刮目相看。

在这处史前定居点遗址中，残存着一座完工于公元前 2500 年前后的神庙。神庙用砖坯修建的地面主体建筑虽然没能保存下来，但地基部分却非常完整。地基的表面铺了一层经过烧制的砖头，这层砖头分隔出地上和地下两层空间。自落成以来，神庙便一直遭到拆改和破坏，不过神庙附属的某些装饰品（这些装饰品很可能出自神庙的内室，而非像亨利·霍尔及其后续发掘者推测的那样，出自神庙正殿）却通过楼梯，被转移到地下，保存了起来。

在亨利·霍尔找到的物品当中，最特别的是一件镶嵌在干沥青上的铜版浮雕，浮雕的中心是一只张开双翅、双足抓住两头雄鹿臀部的狮头鹰。根据出土的阿卡德语文献，这只怪鸟名叫"安祖"（Anzu），它在苏美尔语中则被称为"伊姆杜吉德"（Imdugud）。

此次发掘行动找到的其他铜质动物雕像，还包括 4 只狮子。狮子眼睛的制作，采用了贝壳镶嵌工艺，它们的牙齿是石质的，舌头则是红宝石的。其中的两尊狮子铜像伸着前爪，可能曾被用于守护某处门道。除此之外，在遗址中还找到了镶着宝石和珍珠母碎片的松木，它们肯定是神庙曾经的立柱。

图 17　铜质狮头鹰擒鹿图案饰带画，来自伊拉克的欧贝德遗址，完成于公元前2500 年前后

　　欧贝德遗址的后续发掘行动找到了更多的铜质动物雕像，比如呈立姿的公牛，以及镶嵌有母牛和飞鸟图案、刻画出挤奶场景的饰带等。发掘行动还找到了一段献给神的苏美尔语铭文。铭文显示，乌尔国国王安尼帕达[1]之所以修建这座神庙，是为了向女神宁胡尔

---

[1]　King A'annipada of Ur，古代苏美尔乌尔王朝的第一任国王。

萨格[1]表达敬意。

亨利·霍尔找到的文物后来都被送回了大英博物馆，在那里，它们得到的评价是"苏美尔早期艺术的有趣代表"。遗址中出土的史前陶器则被认为"具有重大的考古价值和意义"。[4]

从美索不达米亚到伊拉克

到了 20 世纪 20 年代，大量楔形文字文献的出土，改写了美索不达米亚的早期历史。这其中就包括几份所谓的"王表"，以及某些被认为能够反映历史的文学作品。

随着种族理论的不断演化，以古代美索不达米亚为题的故事，也在反复经历着解构和重构。例如，苏美尔人迁徙到美索不达米亚以后建立的那些包括基什古城[2]在内的大小城镇，就在时任大英博物馆埃及和亚述文物部主管（keeper）的欧内斯特·华莱士·布吉爵士[3]口中，从政治意义的角度被解读为"城邦王国"：

―――――――――

[1] Ninhursaga，苏美尔文明中的大地女神。

[2] Kish，位于乌鲁克遗址东北方向，在苏美尔王表中被描述为大洪水退去后，王权降临的首座城市。

[3] Sir Ernest Wallis Budge，1857—1934 年，英国埃及学家、东方学者，主要成就是对古埃及亡灵书的翻译和研究。

基什城和阿卡德城[1]早期国王的姓氏带有闪米特风格，从历史的角度来说，他们都属于阿卡德人，这是一个定居在古代巴比伦北部，从人种到语言，很多方面都体现出闪米特人特征的族群。

就这点而言，巴比伦的古称——苏美尔和阿卡德的土地，便具有了某种民族志层面的意义。[5]

苏美尔时代的终结，始于萨尔贡大帝（Šarru-kin，阿卡德语的意思是"真王"，也就是"合法统治者"）率领闪米特人发动起义，推翻城邦政府，然后以阿卡德城为首都，建立属于自己的王朝。萨尔贡大帝建立的阿卡德王朝，后来则终结于来自东方的古提人（Gutians）的入侵。

苏美尔人抓住这个机会，在乌鲁克国王的带领下，赶走了入侵者。这之后，古城拉格什在古地亚国王的统治下兴旺发达，开启了属于拉格什王朝的时代。再后来，取代拉格什王朝的则是由坐镇乌尔古城的诸位统治者建立的新王朝。

伊比辛（Ibbi-sin，公元前 2028—前 2004 年）国王在位期间，来自伊朗西南部的埃兰人突然发动袭击，国王被俘。这场灾难的最

---

[1] Agade，位于古巴比伦遗址附近。

直接后果，就是王权从苏美尔人手中转移到闪米特人手中，伊辛[1]取代乌尔，成为新的王城。[6]

　　诸如此类的历史建构方式，背后隐藏着一个被普遍接受的逻辑，那就是相信文明如同活的生命体一样，自有其孕育、诞生、成熟和衰亡的内在规律。成败兴衰的无尽轮回，被认为是人类历史不变的主题。类似这样的逻辑虽然漏洞百出，时至今日，却依然制约着我们审视历史的方式。来自美索不达米亚南部地区的考古发现，无疑进一步印证了这种历史讲述模式。从这个意义上来说，苏美尔"王表"的重见天日可谓"恰逢其时"。

　　第一次世界大战结束后，奥斯曼土耳其帝国的领土遭到战胜国分割。1920 年，国际联盟（the League of Nations）将美索不达米亚的托管权交到英国手中。根据条约文件第 22 款的解释，这样做的目的是"提供行政方面的建议和帮助……直到这个地区能够独立为止"。[7]

　　在这样的情况下，西方的博物馆和大学便在美索不达米亚迎来了一个空前绝后的考古机遇期。由此而来的一切考古成果，毫无疑问，都将归发掘行动的出资机构所有。出资机构得到这些文物后，当然会对它们进行恰当的研究，同时也会举办相应的展览，满足公

---

[1]　Isin，位于幼发拉底河右岸。

众一睹最新战利品的好奇心。然而就在法国公众通过参观卢浮宫的古地亚国王雕像走近苏美尔人的同时，那些造访英、美博物馆的游客，除了抽象的楔形文字，很难亲手触摸到一个能够代表苏美尔文明的具体形象。

在欧贝德遗址的考古发掘行动中，亨利·霍尔斩获的文物似乎预示着那片土层下面，还隐藏着其他更值得期待的东西。只可惜，那片遗址的后续发掘工作在英国获得托管权后几个月，便被迫戛然而止。出于对英国殖民统治的厌恶，当地的多座城市很快就爆发了反对英军占领的大规模示威。亨利·霍尔后来这样回忆作为殖民者的英国人如何漫不经心地看待这场巨变前的种种征兆：

> 蒙塔菲克部落向来难以驾驭，一直以来，他们都在反抗土耳其人的统治，因此当然没有理由对初来乍到的英国人俯首帖耳。他们曾经拒绝向土耳其人纳税，现在自然而然也会拒绝向英国人做同样的事。
>
> 事实上，某些酋长的敌意非常强，除了让皇家空军飞到那些沼泽地上空，扔炸弹教训他们以外，实在别无他法。问题在于，这些在芦苇滩上搭草屋的人一无所有，真可以说是光脚的不怕穿鞋的。[8]

　　小规模的抗议很快演化为全面起义。英国方面继续使用原先的手段进行镇压，只不过相应地加强了镇压的力度，起义者遭到了 8 个皇家空军飞行中队以及地面装甲车和步兵的联合进攻。这场起义持续了 5 个月，大概有 10000 名伊拉克人被杀，英国和印度方面的损失在 900 人左右。对英国政府而言，真正的打击来自经济方面。为了镇压起义，他们耗费了 4000 万英镑，这显然是无法承受的。为此，英国迫切需要寻找一种更间接，也更便宜的手段，来控制这片土地。

　　1921 年，英国官员在开罗集会，讨论美索不达米亚地区的未来问题，最后终于找到了摆脱麻烦的方法。格特鲁德·贝尔是与会者之一，凭借自己对中东人文地理的了解，她在 1915 年受英军情报部门招募，进入所谓的"阿拉伯局"（Arab Bureau），和她共事的还有大卫·霍加斯[1]、托马斯·爱德华·劳伦斯[2]等考古学家。

　　在接下来的一年中，格特鲁德·贝尔被派往巴士拉。1917 年，英军攻占巴格达以后，她前往那里，成立了"东方委员会"（Oriental Secretary）。开罗会议期间，她成功说服众人，将费萨尔王子（Prince

---

[1]　David Hogarth，时任阿什莫林博物馆馆长。
[2]　T. E. Lawrence，Thomas Edward Lawrence，又称"阿拉伯的劳伦斯"，他是大卫·霍加斯的学生。

Faisal），也就是麦加（Mecca）和希贾兹[1]两地的统治者，谢里夫侯赛因[2]的儿子，推上伊拉克王位。在费萨尔国王执政期间，1922年，英国和伊拉克签订条约，给予伊拉克政府一定的自治权，但外交和军事权力仍然控制在英国手中。

在此前的很多年当中，英国、北美的各个大学和博物馆始终致力于恢复在伊拉克南部的考古发掘工作，条约的签订为此类活动提供了法理依据。在费萨尔国王本人的请求下，格特鲁德·贝尔被任命为伊拉克政府的名誉顾问，到任的她随即着手制定了一部《文物法》，《文物法》明确规定所有考古发掘所得文物全部归伊拉克王国所有。只不过，在最有价值的文物归伊拉克方面所有的前提下，外国科考队也可以适当分一杯羹。9

类似这样的规定有效地遏制了整个中东范围内，尤其是在埃及，愈演愈烈的文物流失现象。为了反抗英国的宗主权，埃及当时已经爆发起义，还在1922年单方面宣布独立。信奉国家主义的埃及政治家随即下令收紧文物领域的相关法规，加强对这方面的管控。

依照此前约定俗成的规矩，开罗博物馆和科考队对发掘所得的文物实行五五分成的原则（这项原则通常只适用于重要文物，数量

---

[1] Hijaz，今属沙特阿拉伯。
[2] Sharif Hussein，"谢里夫"是对穆斯林的一种尊称，这里专指圣地麦加的行政长官。

众多的小件文物则被忽略不计）。法规收紧后，全部文物都被收归国有。在这个问题上向外国科考队做出的任何让步，都只能被视为私下达成的个人交易。

1922 年，考古领域的法规变化对那年埃及最重要的考古发现（也可能是有史以来最重要的考古发现）——图坦卡蒙陵墓的发掘工作，产生了直接影响。尽管发掘行动的负责人霍华德·卡特[1]，以及他的资助人卡那封勋爵（Lord Carnarvon）仍然希望按老规矩办事，但陵墓中的全部文物还是被留在了埃及。

形势的改变为大英博物馆和宾夕法尼亚大学考古和人类博物馆（University of Pennsylvania Museum of Archaeology and Anthropology）同意为乌尔古城考古活动提供资金的领导者敲响了警钟。身在费城的乔治·戈登[2]在一封发往伦敦，写给弗雷德里克·凯尼恩爵士[3]的信中这样说道：

> 埃及立法废止"五五分成"旧规的做法，很可能会对伊拉克产生影响。未来的科考队想要从那里带走重要文物，将会变得更加困难。[10]

---

[1]　Howard Carter，英国考古学家和埃及学的先驱。
[2]　George Gordon，指 George Byron Gordon，时任费城艺术博物馆馆长。
[3]　Sir Frederic Kenyon，指 Sir Frederic George Kenyon，时任大英博物馆馆长。

毫无疑问，这两家博物馆从今往后再也无法通过考古活动，获得那些能和图坦卡蒙陵墓并驾齐驱的"资产"了。所幸相关法规的调整，并不会影响它们通过文化想象，对古代苏美尔人的形象进行建构。这种建构的余波一直延续至今。

"迦勒底人"的乌尔

如前所述，遗址区域内遍布大大小小砖头瓦砾堆的乌尔古城，很久以来便为人所知。根据亨利·霍尔的记载，这处古迹曾是广受英军欢迎的旅游景点。

> 造访乌尔古城的每名军官，以及其他各色人等，都会抱回一块砖头或别的什么东西，为他自己或身边关系不错的共济会[1]兄弟充当纪念品。当时，一块来自迦勒底人的乌尔古城的砖坯，应该算是英国共济会内部非常时髦的礼物。[11]

共济会之所以对乌尔古城感兴趣，主要是因为那里是《圣

---

[1] masonic lodge，起源于古罗马时代的神秘主义宗教哲学流派，核心理念是对以所罗门神殿为象征的完美理性的追求。

经·旧约》中描绘的先知亚伯拉罕（Patriarch Abraham）的故乡，
亚伯拉罕则是受共济会推崇的一位重要人物。《圣经》中的相关描
述在世人想象这座古城的过程中，起到了重要作用。随着发掘行动
的深入，报纸和其他通俗出版物的相关报道自然而然地将乌尔古城
附会为亚伯拉罕的故乡，而非一座古代苏美尔城邦。

　　受命领导这支大英博物馆和宾夕法尼亚大学博物馆联合探险
队[1]（探险队这个说法本身还蕴含着军事征服的意味）的人名叫查
尔斯·伍莱[2]，他是一位经验丰富的考古学家，第一次世界大战前
曾在埃及、苏丹（Sudan）和迦基米施[3]工作过。对他而言，这次
的任务与此前相比，规模上有很大不同。乌尔古城此次的考古行动
总共需要从附近的村子招募 300 名工人，他们将要在一起工作 4 个
月到 1 年的时间。新的伊拉克王国成立后，这个国家南部地区的形
势仍不稳定，探险队还需要武装护卫以便应对那些游走不定的当地
部落随时可能发动的袭击。

---

[1]　原文为 Expedition，这个词在英语中有"远征队"的意思。
[2]　Charles Leonard Woolley，1880—1960 年，英国考古学家，女作家阿加莎·克
里斯蒂娜的丈夫。
[3]　Carchemish，位于土耳其和叙利亚的边界。

图 18 乌尔纳姆国王时代带有印章痕迹的砖坯，来自伊拉克乌尔遗址，完成于公元前 2100 年前后

尽管面临种种挑战，探险队头一年的工作仍然取得了显著成果，其中就包括一尊造型奇特的雕像。作为伊拉克文物部的主管，分配考古所得的文物，是格特鲁德·贝尔的职责。1933 年 3 月，她在给父亲的信中这样写道：

我们花了整整一天时间讨论分配方案，这项工作非常有意思，查尔斯·伍莱先生就像一位天使。我们竭尽全力把最好的东西算到自己这边[1]，但还是尽最大努力弥补他，他也并没有表现出什么不满。

　　看到到手的那些文物，我感到欣喜异常。最有价值的物品是一尊外貌丑陋的古代苏美尔拉格什王朝的国王雕像。雕像大概 30 厘米高，头部已经没了。它的肩部刻有一长串象征国王姓氏的铭文，至于铭文的具体内容，我们还要等待伦敦方面破解后的反馈意见。12

这尊国王雕像，作为献给神的祭品，身上穿的也是簇绒短裙。雕像本身的材质是闪长岩，美索不达米亚南部并不出产此类石材，不过古代苏美尔人仍然可以通过伊朗和阿曼（Oman）进口这种材料。雕像右臂上半部的苏美尔语铭文记载的是一次土地交易，这说明雕像曾经可能是一件送给别人的礼品[2]。铭文内容包含一个特殊的称谓——恩利尔青睐的埃纳纳姆（Enlil loves Enmetena）。埃纳纳姆国王是公元前 2400 年前后拉格什城邦的国王，奇怪的是，他的雕像却被埋在了乌尔古城。

　　雕像背后承载着一段有趣的历史，同时也承载着一段现代传

[1]　指伊拉克这边。
[2]　拉格什和乌尔两个城邦曾因土地问题爆发过战争，最终以赠送土地的方式和解，雕像上的铭文实际是两个城邦签订的休战条约，拉格什将它当作礼物送给乌尔。

图 19　拉格什王朝的埃纳纳姆雕像，来自伊拉克乌尔遗址，完成于公元前 2400 年前后

奇。2003 年，美国主导的势力入侵伊拉克以后，伊拉克博物馆[1]遭到洗劫，雕像失踪。这尊雕像后来不知通过什么渠道，被走私到了叙利亚境内，后来又辗转到了纽约。最后还是美国联邦调查局（FBI）找到了雕像的踪迹，又把它还给了伊拉克。

话说回来，1923 年的伊拉克还没有任何博物馆，依照协议分到的文物只能随便找个地方堆着，非常需要一个更妥善的安放处所。格特鲁德·贝尔竭尽全力说服伊拉克方面给她在政府内部腾空了一间办公室，随后他们分到的乌尔文物就被安放在这间狭小，甚至可以用"逼仄"形容的屋子里，每件物品都被认真地贴上了英语和阿拉伯语的双语标签。

1924 年 6 月，格特鲁德·贝尔制定的《文物法》终获通过。虽然这部法律明确规定伊拉克政府允许所有外国科考队派驻一名代表，还规定巴格达考古博物馆在挑选文物方面拥有优先权。但新出台的法规仍然对外国考古学家异常慷慨，不仅允许他们分享部分出土文物，文物出境的相关手续也要比奥斯曼土耳其帝国时代简单得多。

1926 年，格特鲁德·贝尔终于为她的博物馆找到了一处更合适的场地。她在给继母的信中这样写道：

---

[1]　Iraq Museum，被称为世界第十一大博物馆。

这将是一座真正的博物馆，只比大英博物馆稍微小那么一点。[13]

格特鲁德·贝尔还曾建议费萨尔国王向公众开放这座博物馆，最起码先开放一个大厅，因为博物馆的其他部分还在修建当中。很遗憾，她本人没能亲眼看到博物馆彻底完工。1926 年 7 月 12 日，格特鲁德·贝尔死于安眠药服用过量。

乌尔王室墓地

1922—1926 年，乌尔古城的考古行动相继取得了一系列重大进展。查尔斯·伍莱的同事和手下的工人发掘清理出一座巨型庙塔遗址，还找到了公元前 3000 年以前，由国王乌尔纳姆（King Ur-Namma）主持修建，位于一处圆形广场中的其他几座公共建筑。

与这些建筑配套的楔形文字铭文，可以让后人了解它们的用途。例如，其中的一座巨型建筑被称为"显赫的王子宅邸"（E-nun-mah/House of the Exalted Prince），它原先可能是一座仓库，后来被改为神庙；另一座建筑则被称为"吉帕鲁"（Giparu），那些侍奉月神南纳妻子宁伽尔（Ningal）的女祭司们生前就幽居在这里，死后也被安葬在这里；还有一座建筑被称为"山神庙"（E-hursag /

Mountain House），这是一处很小的庙宇。

1923 年，查尔斯·伍莱从一座庙塔废墟附近开挖的壕沟里找到了似乎是属于陪葬品的黄金碎片，以及用半宝石[1]制作的珠子。此时的他意识到自己还没有足够的经验挖掘古墓，因此暂时没有动手，只是围绕这座庙塔做了一些前期考古工作。

1926 年，查尔斯·伍莱重返那处壕沟，挖出了一座大型墓地。这座墓地长 70 米、宽 55 米，包含 2000 座坟墓，其中的 660 座，埋葬年代应该晚于萨尔贡大帝时代。其中多数坟墓形制都非常简单，死者被芦席包裹或收纳在棺材里，然后安葬在长方形的墓坑底部，随同他们下葬的只有少量私人物品以及必需的丧葬用品。少数坟墓因为墓主人的陪葬品、坟墓形制，还有葬仪排场的不同而显得鹤立鸡群，他们的陪葬品甚至包括人牲。查尔斯·伍莱从这些富人墓中筛选出 16 座，将它们确定为王室墓葬，认为死者应该拥有国王或王后的头衔。

发掘这些王室墓葬并不是一件轻而易举的事情。坟墓原先的封土早已被岁月剥蚀，只剩下大量杂乱无章的碎屑。这些碎屑很软，很容易坍塌，酸性和盐分的含量也非常高，这意味着墓中的一切有机物，包括墓主人的遗骸，都将遭到腐蚀，其中的多数坟墓还可能

---

[1]　semi-precious stones，指价值不高的低端宝石。

在建成后不久便遭到了破坏或盗掘。话虽如此，整片王室墓地仍然埋藏着大量文物，同时还能找到若干几乎完好无损的坟墓，可以为查尔斯·伍莱提供可观的信息。

每处王室墓葬内部都有一个用石灰石搭建而成的墓室，某些墓主人甚至可能同时拥有几个墓室。墓室修建在墓坑里，深度超过 10 米，通过用砖坯砌成的台阶与地面相连，墓室顶部一般是用砖坯修建的球顶或拱顶。墓主人被安葬在墓室当中，身边环绕着很多造型奇特的器皿，还有其他用金子、银子和宝石制成的器物，比如用青金石、玉髓、玛瑙、贝壳等材料制作的珠宝和镶嵌画。

墓室中可能还会摆放一辆由公牛或马牵引的滑橇或轮式车辆[1]，也可能会找到殉葬者的遗体，不过这些陪葬品通常都被埋葬在墓室以外的地方。墓主人的身上大多佩戴着价值不菲的珠宝，身边可能还有乐器之类的其他物品。根据随葬品，尤其是那些珠宝判断，墓主人多数应该是女性。男性墓主人的随葬品中一般都会出现长矛、头盔之类的武器，死者本人也会被装扮为军人模样。

查尔斯·伍莱这样想象乌尔王朝国王和王后们的葬礼场景：

现在，送殡的队伍来了。队伍的成员包括朝臣、士兵和男

---

[1] 苏美尔人被认为是木质车轮的最早发明者。

女仆人。

女仆穿上了她们最合身、最艳丽的服装，头发上装饰着青金石和金、银首饰。乐师们拨动竖琴或里尔琴[1]的琴弦，击打着铙钹。他们进入墓坑，站在属于自己的边角位置上。紧接着，公牛或驴拉着车子走进墓坑，也可能是倒退着慢慢滑进墓坑，车夫坐在车上，马夫牵着牲口，在墓坑里各就各位。

墓坑里的男男女女，每人都带了一只陶制、石制或金属质地的杯子，葬礼后续的环节将要用到这只杯子。殉葬者进入墓坑以后，可能还会举行某些仪式，至少有证据显示，那些乐师会一直演奏到生命的最后时刻，然后将杯子里的毒汁一饮而尽。

自尽用的毒汁可能是他们自己带进来的，也可能是墓坑中提前准备好的。编号为 PG1237 的坟墓里，摆放着一只很大的铜罐。殉葬者或许就是用各自携带的杯子，从这只铜罐里舀起毒汁，了断了自己。

参加葬礼的其他人随即进入墓坑，杀死殉葬的动物，同时还将殉葬者的遗体码放整齐。之后，泥土从地面徐徐落下，掩埋了坟墓中的一切。14

---

[1]　lyre，西方古代的一种 U 形七弦琴。

编号为 PG1237 的坟墓显得特别与众不同，因为这座坟墓当中，没有砖石修建的墓室，查尔斯·伍莱将它命名为“万人坑”（Great Death Pit）。整座坟墓总共出土了 74 具骸骨，6 名男性躺在坟墓的入口处，手中拿着武器；68 名女性则被排成整齐的 4 行，安放在墓坑的西北角。

所有女性殉葬者，头上都戴着金、银和青金石制成的饰品，耳朵上还挂着金耳环，耳环被做成两头翘起的独木舟形状。她们脖子上的饰品，由青金石和金子质地的三角形珠子连缀而成。除此之外，她们的衣服上还能找到相当于纽扣的银质钩子。这些衣服的残片都不大，说明它们原先可能是一种亮红色羊毛质地的短夹克衫。很多殉葬者随身携带着装有化妆颜料的贝壳，某些人身上还有椭圆形的印章或护身符。

鉴于将近半数的殉葬者身边都有一只杯子或罐子，查尔斯·伍莱据此推断这些器皿肯定是服毒用的。他们借助这种方式，追随自己的国王或女王，前往另一个世界。

墓葬中的某些发现给世人带来的惊叹，丝毫不亚于埃及的图坦卡蒙王陵墓，这也是查尔斯·伍莱将这些墓葬定位为王陵的另一个原因。有些媒体对这件事的处理态度则显得相对谨慎。1928 年 1 月 29 日，《纽约时报》（New York Times）上发表的一篇文章声称，乌尔城遗址发现的那些最富有的墓葬说明，古代美索不达米亚可能要比埃及更加文明。从 19 世纪直到今天，社会大众似乎已经习惯将古埃及看作是一根衡量古代文明的标尺了。

图 20　伊拉克乌尔遗址王室墓地"万人坑"出土的珠宝，完成于公元前 2400 年前后

　　另一些媒体为了追求头条效应，既然可以对那些萦绕在图坦卡蒙王周围，诸如"法老诅咒"之类的野史逸闻津津乐道，自然而然，也就不会放过古代美索不达米亚墓葬中的那些殉葬者。与查尔斯·伍莱将苏美尔人的殉葬视为某种自愿行为，甚至是某种荣耀的观点不同，很多媒体不约而同地采用了更博人眼球的说法，例如，"为什么那些古代乌尔美人要被她们的国王杀死"，"乌尔的坟墓是魔鬼的乐园"，"有证据显示，乌尔王朝的嫔妃被棍棒活活打死"等。[15]

"棍棒打死"这样的说法，源自对另一座保存完好的乌尔王室墓葬的发掘成果。从某种意义上说，此类说法也奠定了世人对苏美尔人性格特征的基本认知。

从舒布阿德[1]到普阿比（Puabi）

她的头饰[2]由黄金和亚宝石制成，采用了复杂、华丽的分层结构。金质饰带的上层，衬托着两条由黄金制成的柳叶花环，柳叶花环的上层，是一条同样由黄金制成的杨树叶花环，整个头饰的顶部，还插了一圈金质的八瓣玫瑰花。头饰上出现的这些植物，全部属于伊拉克南部河流沿岸的土著植物，它们在苏美尔文明中，一定具有特别重要的象征意义。

与这件头饰配套使用的，还有青金石制成的项链、黄金的戒指、玛瑙珠串，以及一把巨大的金梳子，梳子上同样装饰有玫瑰图案。巨型的金质新月形耳环，则是这套首饰的收官之笔。

这件精致的饰品连同佩戴者的骸骨，被查尔斯·伍莱找到时，已经被墓室坍塌的砖坯穹顶和灌入墓室的泥土压瘪了。亲临发掘

---

[1]　乌尔第一王朝女王，Shub-ad 是墓葬刚被发掘时，查尔斯·伍莱对墓主人苏美尔语名字的错误解读，后更正为 Puabi。
[2]　指普阿比墓中出土的女王头饰。

现场采访报道的很多新闻记者，对这座所谓的"女王墓"同样充满好奇。

石砌墓室中的骸骨，安放在一座木质停尸床上。墓主人戴着项圈和项链，上半身覆盖着各种用贵金属和亚宝石制作的珠串，珠串的摆放位置和顺序，明显经过事先安排。也有可能它们原先是被有规则地镶嵌在一件齐腰的披风上。她的腰部缠绕着一条用金丝、玉髓和青金石编织而成的饰带，身边还摆放着很多用青金石小珠子和动、植物造型的吊坠穿成的珠串。两名仆人陪伴在墓主人身边，一名蹲在靠近她头部的位置，另一名则蹲在她脚边。

这位女士的关键信息来自她随身携带的三枚椭圆形青金石图章中的一枚。图章上的纹饰分成两大部分，表现的是一场宴会。纹饰的上半部分，一位女士和一位男士相向而坐，手里举着杯子，杯子里可能还装着酒，两个人分别由各自的男女仆人侍奉。纹饰的下半部分只有一位男士，这部分图案代表的可能是宴会的后续情节。

那位坐着的女士身旁镌刻着三个代表姓氏的楔形文字，恰恰是因为这点，她才被认定为苏美尔人。身在考古现场的金石专家埃里克·布鲁斯神甫[1]将代表墓主人姓名的两个楔形文字解读为"shub"和"ad"，于是便有了"舒布阿德"这个说法。第三个符号则被解

---

[1] Father Eric Burrows, Father Eric Norman Bromley Burrows，生于1882年，爱尔兰人，天主教神甫，亚述学家，1938年6月23日在英国牛津死于一场交通事故。

读为"nin"，也就是女王的意思。由于古代的图章都属于代表个人身份的私人物品，墓主人因此被认定为"舒布阿德女王"。

女王墓被发掘的那个时代，考古领域通常是从文字符号和头部特征这两个角度来识别苏美尔人的，复原"舒布阿德女王"的容貌因此成了一项必须完成的工作。1928 年，出土的女王头饰根据分割协议被送往位于费城的宾夕法尼亚大学博物馆收藏（这是对外国科考队极为慷慨的一次）。之前，只在大英博物馆做了短期展览。

为了展览需要，大英博物馆以另一具差不多和"舒布阿德女王"同时代，保存完好的女性头骨为原型，制作了女王头颅的石膏模型，模型的面容细节则来自查尔斯·伍莱的妻子凯瑟琳（Katherine）的脸部蜡模。

蜡模被做得尽可能的薄，为的是不掩盖模型的头骨轮廓，以便让人们能够领略"货真价实"的苏美尔面孔。[16]

为了追求更大的准确度，脸部蜡模的制作特意征求了当时英国最杰出的人类学家之一，亚瑟·基思爵士[1]的意见。亚瑟·基思爵士长期研究出土自乌尔城遗址和欧贝德遗址的头骨，自认为有能力鉴别它们的种族属性。

制作完成的石膏模型还配了一顶假发，假发的样式参考了一尊

---

[1] Sir Arthur Keith，1886—1955 年，苏格兰人，比较解剖学家和人类学家。

较晚时期的陶土小雕像。经过修整的女王头饰，按出土次序佩戴在假发上。查尔斯·伍莱对这具复原模型的效果非常满意：

> 虽然那张面孔并非来自真实的女王画像，却也差强人意。复原模型竭尽所能，让我们看到了女王生前的最准确相貌。[17]

宾夕法尼亚大学博物馆巴比伦部的负责人莱昂·勒格兰[1]对这具头像并不满意，认为仅凭颅骨还不能提供足够的信息。更完美的带有头饰的复原模型，应该以那些出自古代苏美尔雕刻家的作品为依据，理由是他们的作品必定源自现实生活中的人物：

> 即便这些雕刻家没有古希腊人那样的造型理念和精湛的刻画水准，他们最起码也有一套属于自己的手法，能够将坚硬的花岗岩塑造为各类艺术形象。[18]

后来，莱昂·勒格兰以一尊保存在卢浮宫博物馆的古地亚时代的雕像为参照，重新制作了一具女王头像：

---

[1] Father Léon Legrain，1878—1963 年，法国人，天主教神父，亚述学家。

图 21　1928 年制作的以凯瑟琳·伍莱为模板的舒布阿德女王头像

　　头像有高高的颧骨，阔目高鼻，两道浓眉，体现出纯正的东方美人韵味。虽然头像自身的局限性让她的眼神略显呆板，不过那双眸还是体现出了女王应有的王者风范。头像的两颗眼珠被涂成蓝色，因为古代苏美尔雕像的眼睛大多都由贝壳和青金石镶嵌而成。如同曾经的那些苏美尔艺术家一样，我们也喜爱青金石的蓝色，这种蓝色可以赋予雕像一种深邃的美。[19]

　　某些记者将"舒布阿德女王"与 20 世纪 20 年代的"爵士女郎"（flappers），也就是美国的第一代觉醒女性相提并论。例如，《圣路易斯邮报》（St Louis Post Dispatch）的《周日特刊》，就曾刊载过一幅留着波波头（bobbed hair），坐在镜前梳妆的女王画像。让查尔斯·伍莱的妻子凯瑟琳充当女王模特的创意，甚至也可能源自同时期的好莱坞女演员嘉宝（Greta Garbo）扮演了玛塔·哈丽[1]。[20]

　　在发掘女王墓室的过程中，查尔斯·伍莱发现这座墓葬的旁边还有一座已经遭到盗掘的坟墓。他据此推断，这座坟墓应该属于更早去世的女王丈夫。查尔斯·伍莱认为，遭受丧夫之痛的女王替自己营造墓穴的同时，肯定是有意让工匠把墓址选在了丈夫坟墓的上方。只不过她的坟墓后来发生了坍塌，于是就变成了现在两个人比

----

[1]　Mata Hari，1876 年 8 月 7 日—1917 年 10 月 15 日，第一次世界大战时期的多面间谍。

邻而居的样子。

就像查尔斯·伍莱曾将墓主人命名为"舒布阿德女王"一样，类似这样的浪漫幻想，在某些坟墓的地层年代经过重新测算以后，变成了无稽之谈。随着楔形文字研究水平的不断提高，女王印章上的那两个符号也被重新解读为"普阿比"，或者更准确地说，应该被解读为"Pu-abum"，这个词语在阿卡德语里的意思是"文字之父"（word of the Father）。印章上的第三个符号则被解读为"eresh"，也就是阿卡德语"女王"的意思。[21]

如果这样的解读准确无误的话，这位历史上最著名的苏美尔女王，也就变成了阿卡德人。

乌尔军旗（Standard of Ur）

普阿比女王的坟墓中，只有简简单单的一间墓室。相比之下，其他王室成员的墓葬则更显奢华。编号为"PG779"的坟墓规模最大，总共有四间墓室。虽然这座坟墓中并没有发现之前提到的"万人坑"，但长眠在这里的死者人数同样也很可观。

非常遗憾的是，查尔斯·伍莱发现这座坟墓时，墓中的文物大多已经遭到盗掘，两间墓室还因为顶部坍塌损毁严重。他在其中的一间墓室里找到了至少四个人的遗骸，包括一具保存相对完整的头骨。这具头骨被发现时，恰好位于墓室的角落位置，这可能就是它在一定程度上能够免遭墓顶坍塌破坏的原因。

除了这具头骨，还有几件文物也基于同样的原因得以保存，例如所谓的"乌尔军旗"。

"乌尔军旗"实际上是表面刷了一层沥青的两块木质平板。木质平板本身已经朽坏，它的沥青涂层上装饰了由贝壳、红色石灰岩，以及青金石拼接而成的马赛克镶嵌画。被发现时，一块平板正面朝下，埋在土里，另一块则正面朝上，摞在它的上面。据查尔斯·伍莱回忆，文物出土时，蒙着厚厚的一层尘土，沥青层下面的木质结构保存得非常完整。[22] 两块平板的两端，分别还有几块拼成三角形的木板。他由此推测，这两块平板当初可能是被安装在三角形的支架上，组成一个类似盒子的结构。

查尔斯·伍莱其实也说不清这件东西到底是做什么用的，只不过是因为它被找到时，恰好位于死者右肩的位置，于是便被想当然地视为一面用杆子挑着，举在手里的军旗。[23] "乌尔军旗"的真实用途至今仍然是个谜。有一种观点认为，它可能是一件类似竖琴或里尔琴的乐器，所谓的"军旗"，其实就是这件乐器的木质琴箱。只不过这样的观点，并没有得到太多认可。

"乌尔军旗"按照文物分割协议来到大英博物馆以后，曾被展出过多次。展出时，"军旗"采用的仍然是刚才提到的三角形木箱结构。平板上的画面内容则被概括为苏美尔王室对"战争"与"和平"两大主题的理解。

"乌尔军旗"的出土地点，位于整座墓穴的最上部。两块平板上描绘的场景，分上、中、下三层。最下层被认为应该是整幅图画讲述故事的起点，内容包括马车，驾车的车夫，以及手里举着长矛的士兵，马车由驴子牵引，从左向右行驶，踩踏着赤身裸体的敌人。图画的中层，身穿披风、手举长矛的士兵从左向右列队行进。靠近中层画面右侧尽头的地方，赤身裸体的俘虏，排着队走上了图画的顶层。在那里，他们中的多数人遭到屠杀。手持长矛的统治者站在顶层画面的中央，审视着这场屠戮行为。他的体形比画面中的其他人物都大，这似乎是一种地位的显示。统治者身后跟着侍从和他御用的马车。整幅图画无疑以写实的风格反映了真实的历史场景，而非纯粹的想象。

"乌尔军旗"代表和平的那块平板，则可以被象征性地理解为，在国王英明的治理之下，大地呈现出一派物阜民丰的和平景观。图画的最底层，形形色色的人物肩扛、身背着各色物品，还牵着驴。图画中层的人，牵着公牛、绵羊和山羊，手里还拿着鱼，他们从左向右，朝着图画的顶层前进。图画顶层展现的是举行宴会的场景。画面左侧坐着身穿簇绒短裙、形象高大的统治者。另有六个人坐在他的对面，衣着相对简朴。画面右侧的最远端，还有一位竖琴演奏者，以及一位看样子是歌手的人。

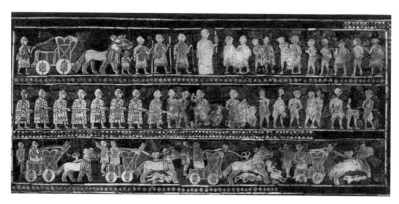

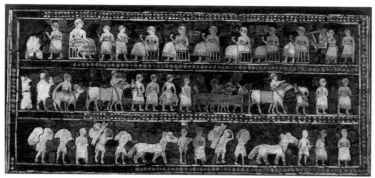

图 22　表现"战争与和平"主题的乌尔军旗，出土自伊拉克乌尔遗址，完成于
公元前 2400 年前后

　　两幅图画中的很多场景，在普阿比女王的椭圆形印章上也曾出
现过，尤其是宴会的场景。在之后的若干年当中，美索不达米亚各
地还将出土很多类似这样反映宴会和献俘场景的图画。作为宫殿和

神庙的装饰品，它们要么以浮雕的形式被雕刻在石头上，要么就是以镶嵌画的形式呈现在便携的木板上。

所谓的"乌尔军旗"，很可能也有相似的用途。或许，它们曾被安装在两个独立的木质基座上，只不过是因为后来墓顶坍塌的砖坏掉了下来，砸坏了基座。木板上的图案，则是经过适当的艺术加工后，国王或女王真实宫廷生活的再现。将这两幅图画放在墓室里充当装饰的意图，是想让死者在那个世界获得永生，继续享受自己曾经的生活。

大洪水肆虐过后，王权从天而降，落在基什

发现王室陵墓的查尔斯·伍莱再接再厉，先后又在乌尔的庞大墓地范围内，发掘了数百座陵墓。时间到了1928年年末，他决定向位于墓葬群以下的地层深入挖掘，很快便有了意外之喜。

墓葬群以下，是由洪水造成的厚达4米的淤积层。淤泥的下面，又出土了大量欧贝德文化期[1]和埃利都时期常见的黑色史前陶器。如此一来，《圣经》中记载的诺亚方舟，以及古代美索不达米亚文

---

[1] Ubaid period，因20世纪初在伊拉克济加尔省乌尔古城附近发现的欧贝德遗址而得名，范围涵盖美索不达米亚及沙特阿拉伯东部，是苏美尔文明目前可以追溯到的最早源头。

献中关于大洪水的描述，比如出土自尼尼微的亚述大洪水泥板[1]等，便从传说变成了真实的历史。

苏美尔王表中似乎已经开始明确将大洪水作为"原始"和"文明"两个不同时代的分水岭。类似这样的做法，早在那个王权和神权不分的年代便已存在，到了基什城兴盛的时期，正如本节开头引述文字所体现的那样，大洪水成了更加清晰的年代划分标志。

苏美尔王表（至少就牛津大学保存的那个版本而言）和古城基什的结缘，与一位名叫赫伯特·韦尔德·布伦戴尔的人密不可分。赫伯特·韦尔德·布伦戴尔家境殷实，曾游历中东和非洲多地。1921 年至 1922 年冬天，他造访巴格达，购买、搜集了大量楔形文字文献，其中的很多文献都是刚刚从伊拉克以南地区的古墓里盗掘出来的。据时任阿什莫林博物馆馆长大卫·霍加斯回忆，赫伯特·韦尔德·布伦戴尔与拉尔萨古城遗址发生关联，完全基于一次偶然。

他（指赫伯特·韦尔德·布伦戴尔）这样写道："那时，当地的盗墓贼在一处墓穴中找到了很多楔形文字泥板，其中的一部分当场就被别人买走了，另一部分被伊拉克政府收缴，随后到了我的手里。"24

---

[1]　The Flood Tablet，现存于大英博物馆。

1922—1923 年，赫伯特·韦尔德·布伦戴尔得到的藏品，陆续在阿什莫林博物馆展出。博物馆为此制作的几百条展品目录中，特意提到了两个版本的苏美尔王表。其中的一份王表刻在一小块泥板上，只不过那份王表后来在第二次世界大战时期遗失了。另一份著名的三棱柱王表，也就是依照捐赠者姓氏命名的"韦尔德·布伦戴尔王表"上的铭文内容，1923 年由史蒂芬·赫伯特·兰登翻译出版，这份王表成为了重构古代美索不达米亚历史的最重要依据。[25]

此时的史蒂芬·赫伯特·兰登已经着手和芝加哥的菲尔德自然史博物馆（the Field Museum）接洽，意在联手完成一次针对乌鲁克遗址的科学考察，然而刚刚结束伊拉克之旅的赫伯特·韦尔德·布伦戴尔却已决定为牛津大学提供大部分资金，同时建议他们将考察目标选定为巴格达以南 80 千米的基什，具体地点是幼发拉底河一条已经干涸的支流。

无论过去还是现在，"有钱能使鬼推磨"都是颠扑不破的真理，牛津大学因此决定将基什作为最佳的考古地点。史蒂芬·赫伯特·兰登被任命为科考队的总负责人，与此同时，皮特里爵士[1]（也就是所谓的"埃及学之父"）的高足，欧内斯特·麦凯[2]则成了现

---

[1] Sir William Matthew Flinders Petrie, 1853—1942 年，英国考古学家。
[2] Ernest Mackay，指 Ernest J. H. Mackay, 1880—1943 年，英国考古学家，主要成就是对恒河流域的一系列考古发现。

场考古工作的负责人。直到 1926 年，欧内斯特·麦凯一直领导着基什遗址的现场发掘活动。他的继任者是一位资历稍逊的法国考古学家，路易·查尔斯·沃特林（Louis-Charles Watelin）。接手这项工作以前，他一直在伊朗的苏萨（Susa）地区从事考古挖掘工作。

就像乌尔遗址的那次考古行动一样，基什古城的遗址发掘工作可谓声势浩大，然而与查尔斯·伍莱做法不同的是，牛津大学菲尔德博物馆（Oxford-Field Museum）的科考队始终没有公布全部的考古报告。

基什城的考古行动非常具有挑战性。那片遗址的规模很大，包含大大小小近 40 处废墟，最大的两处废墟分别被命名为印嘎拉土墩（Tell Ingharra）和乌海米尔土墩（Tell Uhaimir）。其中的多处废墟早在 19 世纪便已为欧洲探险家所熟知，不过首次对它们进行正式考古探查的，却是由阿贝·亨利·德·热努亚[1]于 1912—1914 年领导的法国科考队。只可惜后来造访这里的其他科考队对这段往事采取了"视而不见"的态度。26

史蒂芬·赫伯特·兰登的目的是想在基什遗址搜寻楔形文字泥板文书，牛津大学菲尔德博物馆的关注点则是那些考古和人类学方面的工艺品。1922 年，他们与伊拉克文物部达成最终协议，在已有

---

[1]　Abby Henri de Genouillac，1881—1940 年，法国亚述学家。

的文物分割原则的基础上，牛津大学可以拿走其余全部带铭文的物品，芝加哥大学也可以分到一定数量的文物、骨骼遗骸和其他科研材料。此外，两所大学还收到了一份涵盖重点出土文物的名录，这份名录规定了他们得到的哪些文物不得用于博物馆的公开展示。

图 23　来自伊拉克基什王宫遗址的板岩和石灰岩镶嵌画，完成于公元前 2600 年前后

　　为了搜寻那些深埋地下的文物，数百名当地成年男性和男孩很快聚集起来，在遗址上挖出了许多大坑。欧内斯特·麦凯的详细报告，稍后被送到了史蒂芬·赫伯特·兰登手中，不过这位牛津大学

教授却很少亲临现场，只是专注于破解那些在努法尔等地出土的泥板文书。这样一来，科考队大量的考古报告也就没能得到整理出版。

这次考古发掘最令人震撼的成果，是一处被命名为"A 王宫"（Palace A）的古代建筑遗迹。这座完成于公元前 3000 年中期的古代宫殿由两部分房屋组成，分别沿着一处庭院的两侧延伸，北侧房屋的入口通过一座宏伟的楼梯与地面相连，房子二层的正面是由 4 根立柱支撑而成的柱廊。

房屋内部装饰了很多镶带，镶带的某些部位被挖空以后，填充了造型各异的白色石灰石和珍珠母，图案描绘的是由一队士兵押解的一群囚犯。这样的装饰品与"乌尔军旗"非常相似。事实上，画面中士兵和囚犯行列的尽头，似乎也有一位坐着的统治者。

历史如此古老的宫殿中出现王权象征，进一步印证了苏美尔王表中，美索不达米亚的王权最早出现在基什的说法。基什的统治者威名远播，因此才会被其他城邦的统治者公推为"基什王"（King of Kish）。

已知最古老的文献

基什遗址较早出土的文物中有一块石板，上面镌刻着一种非常古老的楔形文字。1924 年 3 月 24 日，格特鲁德·贝尔在写给父亲的一封信中，介绍了基什遗址出土文物的现场分割情况，揭示了为什么这块石板没有落入牛津大学或芝加哥大学之手，而是留在了伊拉克，同时也透露了参加那次考古的人员信息和相关细节。

第一站，基什。威尔森少校[1]和我驱车南下，大概午后1点左右抵达那里。来到基什的我们发现现场的气氛非常热烈，随后了解到，他们一直盼着我们快点儿过来。交接手续办完以后，史蒂芬·赫伯特·兰登教授立刻就宣布这项工作可以圆满结束，"失了业"的欧内斯特·麦凯先生也就可以收拾行李走人了。

我事先对此一无所知，于是趁着中午吃便饭的时间，向他们解释说，自己的想法也是尽快收工，尽快走人。既然他们有啃故纸堆的雅兴，那就可以把出土的泥板文书全拿走（他们找到了一座图书馆）。作为回报，他们也得给我两件特别的好东西。

"谁说了算？"教授问道。

"我们说了就算！"我这样答复他，同时还表示自己愿意悉听尊便，他不必为此担心。

---

[1] J.M. Wilson，根据相关英文材料，此人应该是英军中的一名少校，多次陪同格特鲁德·贝尔外出考察，还承担了摄影师的工作。

听到我这么说，教授如释重负地叹了口气。他害怕的是什么呢，是那些法律规定吗，或者其他别的什么东西？想到这里，我继续说道："来吧，教授，您可以亲眼看看，我们是怎么照章办事的。"

话说到这儿，我们进了他的帐篷。帐篷里到处都是泥板文书，其中的一块石板显得与众不同，那块石板上的铭文，或许就是已知最古老的历史文献。教授煞有介事地把这块石板塞到我手里说，他已经制作了铭文拓片，还破解了铭文的内容，因此这块东西也就没什么用了。

之后，我们又进了另一间屋子，屋子里全是别的文物，摆在最外面的是珠子和项链……于是，我们又将目光转向了那些项链。双方用猜硬币的方式决定谁先挑选，教授猜中了，那就让他先挑，我们后挑，反之亦然。如此循环往复，直到把所有东西分完为止。[27]

在接下来的一年里，有一位名叫亨利·菲尔德（Henry Field）的牛津大学研究生来考古现场待了几个星期。他是牛津大学菲尔德博物馆创始人的侄孙（great-nephew），在校学习期间是解剖学家亚瑟·基思爵士的学生，还曾追随伦纳德·哈尔福德·达德利·巴克斯顿[1]学过头骨测量技术。

现在，亨利·菲尔德跟随伦纳德·巴克斯顿来到基什，他们的技术将在印嘎拉土墩所属范围内，一处被命名为"Y地"的大型墓地派上用场。墓地中多数墓葬的形制大同小异，都是将墓主人以胎曲状[2]的姿势安葬在墓坑底部，身边再摆上各种陪葬品。至少有4处墓葬显得非常独特，它们的规模很大，墓室内往往包含1—5位死者，还有四轮车作为陪葬品。这些车辆显然是由公牛和驴子充当动力。

与乌尔遗址的情况不同，这里没有出土能够确定墓主人身份的椭圆形印章，也没有发现殉葬用的"万人坑"。每处墓葬的主人似乎都不比"邻居"富裕多少，最多也就是拥有一辆车子和配套的牲畜。这说明这处墓地里的逝者全部来自同一个特定阶层。承担发掘工作的考古人员为了把这片墓地升格为"王室墓地"，有意将墓葬中出土的运货马车（cart）粉饰为比赛、作战用的双篷马车（chariot）。

亨利·菲尔德还参与了位于基什东北方向大约26千米的另一

---

[1] L. H. Dudley Buxton，指 Leonard Halford Dudley Buxton，英国人类学家。
[2] 原文为 half-crouched，直译为"半蹲"，作者指的应该是古代墓葬中常见的胎曲葬，即将死者摆放成胎儿在子宫中的姿势，象征性地表示人死后回归母体，开始一个新的轮回。

处遗址的发掘工作。1925 年，当地部落的一些阿拉伯土著主动找
到科考队的考古学家，向他们展示了出土自一处名为"杰姆代特奈
斯尔"[1]古代遗址的泥板文书，以及装饰风格独特的彩陶碎片。史
蒂芬·赫伯特·兰登当即就被那些泥板文书吸引了，因为欧洲的博
物馆在之前的许多年里，始终在断断续续地购进同类文物，它们与
这些泥板文书有可能来自同一地点。

图 24　带有原始楔形文字铭文的石板，出自伊拉克基什遗址，完成于公元前 3000
年前后

经过前期考察，1926 年，史蒂芬·赫伯特·兰登和亨利·菲
尔德在杰姆代特奈斯尔遗址进行了一个季度的考古挖掘。两年以

---

［1］　Jemdet Nasr，位于伊拉克北部。

后，亨利·菲尔德重返这处遗址，与路易斯·查尔斯·沃特林携手，在那里又工作了一个季度，找到了数百块带有原始楔形文字的泥板文书。这些泥板文书上的文字和史蒂芬·赫伯特·兰登交给格特鲁德·贝尔的那块石板上的文字存在很多相似性，可以被认为是楔形文字的原型。

对于渴望重构古代美索不达米亚世界的考古学家而言，1926年是激动人心的一年，然而正如同年《科学美国人》（*Scientific American*）杂志上的一篇头条文章指出的那样，一个首要的问题仍未得到解答——到底谁才是古代苏美尔人？[28] 这篇文章的小标题可以被视为对这个问题的变相回答——"还没有人知道"，不过基什的考古工作必将破解这个复杂的历史谜题。

对于这个问题，科考队在工作报告中给出了这样的答案：

> 这是考古学领域面临的核心问题之一……建立基什城的苏美尔人拥有圆形的头骨，这说明他们并非闪米特人种。考古发掘找到的文物则进一步说明，他们创造的文明已经达到了较高水平。基什是人类历史上最古老的王朝。

苏美尔人在印度和埃及

　　伦纳德·巴克斯顿和亨利·菲尔德在基什和杰姆代特奈斯尔测量出土人类颅骨的过程中，得到了亚瑟·基思爵士的指导。后者在人种学方面异常保守的观点虽然没能获得普遍接受，却仍然凭借自己的身份和地位，在这个领域拥有很大的话语权。

　　亚瑟·基思爵士对出土自乌尔古城遗址和欧贝德遗址头骨的研究，似乎可以为苏美尔人的起源问题提供一个答案。他认为苏美尔人的"脑容量很大，面部特征明显"，这意味着他们属于一个"高等"种族。这个种族可能"起源自东边的阿富汗和俾路支（Baluchistan），一直到印度河流域，距离美索不达米亚大概 2400 千米"。[29]

　　这样的结论似乎可以得到来自英属印度西北部地区（今巴基斯坦）考古工作的支持。1920 年，约翰·休伯特·马歇尔爵士[1]率先在哈拉帕[2]展开挖掘工作，随后转战摩亨佐·达罗[3]，发现了公元前 2600—前 1900 年前后繁荣一时的"印度河文化遗址"，又名"哈

---

[1]　Sir John Hubert Marshall，1876—1958 年，英国考古学家。
[2]　Harappa，位于今巴基斯坦旁遮普省。
[3]　Mohenjo-daro，今巴基斯坦信德省拉尔卡纳县南部古城，又被称为"死丘"或"死亡之丘"。

拉帕文化遗址"。

哈拉帕当地用砖坯修建的古代遗迹，第一眼看上去就让人联想到苏美尔人。不过最能让人将印度文明和苏美尔文明联系起来的证据，还是那些石头印章。

1924 年，约翰·休伯特·马歇尔爵士找到了与乌尔遗址类似的椭圆形石质印章。这些印章显得非常奇特，因为印度河流域出土的典型石质印章都是方形的，上面雕刻的大多是各种抽象符号和动物图案。将抽象符号或象形文字雕刻在动物图案上方是古代印度文明的一种书写方式，可以用来代表神的名字、人的名字或某些物品的名称。早在 19 世纪，印度便出土了这样的印章。只可惜由于这些铭文大多非常简略，所以始终无法破解它们。

1931 年，基什遗址也出土了一枚风格相似的印章，时代应该晚于萨尔贡王朝时期。史蒂芬·赫伯特·兰登的脑海中由此浮现出一个问题——苏美尔人是不是原先的印度河土著居民？[30]

苏美尔人的东方起源说还引出了很多相关推论，比如将苏美尔语视为"印欧语系"，也就是欧洲雅利安语系的前身。换言之，正如查尔斯·伍莱在 1928 年所说的那样，苏美尔人"与高加索人种和欧洲人种存在密切的亲缘关系，我们将亚洲西南部地区，视为他们的发源地"。除此之外，他还对亚瑟·基思爵士的观点表示赞同，认为"那些埋葬在新石器时期坟丘墓[1]中的古代英国人，虽然与他们的关系不是很近，但也是他们的亲戚"。[31]

　　基于这样的想象，古代苏美尔人的历史被重新建构为首先通过海路抵达美索不达米亚南部，然后向北攻打阿卡德人，直到形成了苏美尔人和阿卡德人，一南一北，共治美索不达米亚的局面。

图 25　伊拉克基什遗址出土的印度河流域风格的印章，完成于公元前 2000 年前后

　　查尔斯·伍莱认为苏美尔人"崇尚文明"，但是"相比于其他民

---

［1］　English long barrow，指封土很高，有坟头的一种墓葬形式。

族，体魄更强健，尚武而且好战，在智力和艺术方面没有太大的优势，无法压抑内心的贪婪本性，是天生的战士，并非为和平而生"。[32]诸如此类的说法可以合理解释，为什么在乌尔和基什两处遗址会出现大量的战争题材镶嵌画。作为被迫卷入战争的文明种族，苏美尔人打败了更具侵略性的邻居。值得注意的是，相似的逻辑也被第一次世界大战的胜利者用于解释他们打赢的那场战争。

如果苏美尔人是从印度来的，那么他们也是很有可能会将源自印度的文明带到西边更远的地方。一直以来，始终有观点认为古埃及文明之所以能够得到迅猛发展，是受到了外来文明的影响。

这套理论最著名的支持者非皮特里爵士莫数。一直以来，他都对生物决定论和种族差异学说笃信不移，相信脑容量和头骨的形状直接与智商相关。1902 年，皮特里爵士系统研究了各种气候环境中不同种族的智力水平，从而得出结论，参照头骨形状，澳大利亚土著人（aboriginal）、爱斯基摩人（eskimo）和非洲人（negro）的智商最低，英国人（English）、古埃及人（Ancient Egyptian）和德国人（German）的智商最高（他在行文中特意用首字母大小写的方式区分两个人群）。[33]

20 世纪 20 年代，皮特里爵士全面考察了当时刚刚开始发掘的巴达里[1]遗址，最终认定史前时代的巴达里文化属于"梭鲁特文化"[2]，它应该是从位于亚洲中部的高加索地区传到埃及的。[34]

1900—1910 年，美国埃及学家乔治·芮斯纳（George Reisner）先后测量了来自不同遗址数量可观的古代头骨，最终认定吉萨金字塔（Giza pyramids）的建造者脑容量很大，他们和颅骨狭小的尼罗河流域前王朝时期（predynastic）的居民不属于同一种族。[35]建造金字塔的古埃及人很可能来自东方。他的结论距离把古埃及文明视为苏美尔文明影响之下的产物，只差一步之遥。

苏美尔文明广泛传播理论的狂热支持者之一是劳伦斯·瓦德尔教授[3]，他的那套学说完美展示了误解和偏见是如何将科学引入歧途的。

劳伦斯·瓦德尔教授的人生非比寻常，应该算是"日不落帝国"时代颇具代表性的广博学者。1878 年，他毕业于格拉斯哥大学（University of Glasgow）的医学专业，随后以军医身份加入英国陆军，前往印度服役。1881 年，劳伦斯·瓦德尔受聘成为加尔各答医学院（Medical College of Kolkata）的化学和病理学教授，还利用业余时间研究印度梵文。

---

[1] Badari，位于埃及南部。
[2] Solutrean，欧洲旧石器时代晚期文化。
[3] Laurence Waddell，1854—1938 年，英国著名的东方学家和考古学家。

1885—1887 年，他加入了英国军方穿越缅甸（Burma）和中国
西藏的探险队，随后被任命为驻大吉岭（Darjeeling）英军部队的主
治军医（Principal Medical Officer）。来到大吉岭的劳伦斯·瓦德尔
教授将研究重心转向考古学和民族学，开始尝试学习藏语，考察印
度各地的古迹。1899 年，他成了英国公认的"西藏通"和藏传佛
教专家，甚至还成了弗朗西斯·荣赫鹏爵士[1]领导的那支英国远征
军的顾问。

1906 年，劳伦斯·瓦德尔教授返回英国，很快便受聘成为伦
敦大学（University College London）的藏语教授。他在伦敦大学工
作了数十年，退休后，转而开始研究、破解楔形文字，还针对苏美
尔人，提出了一套自己的学说，这套学说的理论基础则是雅利安种
族优越论。

劳伦斯·瓦德尔教授学说的基调在于相信雅利安文明优于其他
人类文明，是当之无愧的世界文明之根。1925 年，他出版了一本
介绍印度河流域出土印章的书，将这些印章视为苏美尔人的杰作，
同时还声称苏美尔人与腓尼基人（Phoenicians）和哥特人存在关系。
这之后，他又出版了一本《苏美尔—雅利安大辞典》。

尽管这套理论遭到了包括史蒂芬·赫伯特·兰登在内的众多学

---

[1] Sir Francis Young-husband，英国军官、作家、探险家和外交家，1904 年率军
入侵中国西藏。

者的强烈反对，[36]劳伦斯·瓦德尔教授却并没有就此收手。1929 年，他出版了一本标题非常"精练"的书——"自公元前 3380 年文明兴起以来，种族和历史的文明制造着雅利安—苏美尔族群的兴衰，他们的社会组织和文明形态，他们在埃及、印度和克里特岛（Crete）等地的发展，他们国王的性格和成就，相关神和英雄传说的历史起源"。

虽然这套理论同样被科学界认为存在偏见且违背科学，大家却不约而同地接受了古代苏美尔人应该是金发碧眼的白种人的观点，尤其是普通公众，对这样的说法特别买账。《每日邮报》（*Daily Mail*）就曾呼吁读者多看看劳伦斯·瓦德尔教授撰写的这本令人惊叹的关于苏美尔人祖先的书，以便知道英国人到底是从什么地方来的。[37]

劳伦斯·瓦德尔教授的那套理论尽管在很多同时代学者和普通读者眼中纯属无稽之谈，然而不可否认的是，他照样不乏追随者。这套理论的提出，迎合了当时社会上盛行的种族极端思潮，同时又更易于被普通公众理解和接受，不像破解和梳理历史源流的工作那么高深莫测。在现代社会中，类似这样的理论，一次又一次地被公众拿来挑战专家观点。

第二次世界大战期间，劳伦斯·瓦德尔教授对雅利安种族的推崇，以及将古代苏美尔文明视为包括古埃及在内的其他很多古代文明起源的超传播（hyperdiffusionism）理论，在英国法西斯主义者的圈子里找到了拥趸，后者将这套理论改头换面成了白人至上论和阴谋论。

图 26　伊拉克乌鲁克遗址的石头建筑遗迹，完成于公元前 3200 年前后

第4章

最早的城市

美索不达米亚南部的众多古迹当中，与苏美尔人关系保持得最长的一处，当数位于乌尔遗址上游大约 55 千米的乌鲁克遗址，这处古迹在《圣经·旧约》中的名字是厄里克（Erech）。据楔形文字文献记载，乌鲁克是苏美尔文明早期最重要的政治中心，也是女神伊南娜的居住地。今天的乌鲁克遗址周围全是荒漠，1500 年前幼发拉底河改道，这座城市却被环绕在肥沃的农田、沼泽湿地和年代久远的墓地当中。

1912 年，德国考古学家率先来到乌鲁克开展工作。他们的发掘行动因第一次世界大战爆发被迫中断，1928 年后才逐渐恢复。德国考古学家关注的重点是被多处建筑废墟包围在古城中心的一座巨型庙塔。这座庙塔由砖坯建成，在苏美尔语中被称为"埃安娜[1]的领地"，也就是"天房"（House of Heaven）的意思。考古挖掘显示，这座庙塔是在一座历史可以追溯到史前时代晚期（大约是公元前 3500—前 3100 年）的宏伟建筑基础上翻建而来的。

虽然此类建筑在拆旧盖新的过程中，设计方案总会随时代的变化而变化，但新建筑在形制方面却往往和被它取代的旧建筑有很多相似性。比如两侧排列着小房间的狭长大厅，以及大厅尽头 90 度的突兀拐角。某些建筑的内部通道可能还会由很多道门廊组成，如

---

[1] Eanna，乌鲁克的主神。

此一来，室内的采光性和透气性便非常值得担忧，尤其是在数百人共同居住生活的情况下。建筑的内墙上大多用彩色圆锥形色块儿构成的镶嵌画充当装饰，形制与威廉·肯尼特·洛夫特斯此前的发现非常相似。

一座被命名为"白庙"（White Temple）的古代建筑的砖坯地基，充分说明了打造一座这样的建筑需要数量多么可观的工人，以及多么高超的管理和组织水平。考古学家估计，仅仅修建这座 13 米高的砖坯地基就需要 1500 名工人每天工作 10 小时，并且连续工作 5 年。

地基的底部，还有一座同样令人印象深刻，被称为"石头房子"（Stone Building）的建筑。正如它的名字所说，这座建筑拥有石质的地板和墙壁，建筑主体由三个半地下的长方形嵌套式房间（rectangular nested rooms）构成，它们通过一条坡道与地面相连。这座"石头房子"到底是做什么用的，至今仍是个谜。

乌鲁克遗址的考古工作开始后不久，便出土了很多用原始楔形文字书写的泥板文书，这些文字的样式在某些方面，与杰姆代特奈斯尔遗址发现的楔形文字存在很多相似性。泥板文书的具体出土地点，是神庙地基结构中几个塞满了破碎砖坯、变色的动物骨骸、灰烬和陶器碎片的大坑。

1936 年，哥廷根大学（University of Göttingen）的亚述学教授

亚当·法肯施泰因（Adam Falkenstein）整理、研究了发掘工作开始后 3 个季度出土的 620 块泥板文书，发现其中很多文字符号都和稍晚些时候发掘出的更加抽象的楔形文字存在关联，只不过它们在行文中使用了另一种风格的数字符号。

至于这些文字记载的内容，大多都是政府的官方文献。虽然泥板文书的内容无法得到破解，亚当·法肯施泰因最终还是确认了其中的小部分文献属于所谓的辞书[1]。这些辞书与出现在公元前 2500 年前后，后来知名度更高的楔形文字课本的性质相似。这说明，古代苏美尔文明拥有一种延续了 500 多年，甚至历史更加悠久的书记官培养和传承体系。

稍晚些时候，这些泥板文书的内容终于得到破解。与此相关的故事，后面还会谈到。

编年史

随着乌尔、乌鲁克和基什的考古工作陆续取得重大发现，考古学家面临的一个新问题，就是如何将这些考古成果整合到一条清晰的历史脉络当中。因为博物馆的主要目的只是挖掘文物，然后将它

---

[1] lexical texts，学习苏美尔语的古代教材。

们陈列在展厅里，所以早期的考古工作普遍缺乏周密的计划，也没有留下完整的记录。

直到 20 世纪早期，虽然考古工作的重心仍然在挖掘文物上，然而正如皮特里爵士在埃及和巴勒斯坦主持的挖掘工作所显现的那样，研究者的部分关注点其实已经转移到遗址沉积层的断代方面（遗址的沉积层往往相互叠加，非常混乱）。这种变化带来的后果之一，就是尝试为文明演进规划更加可靠的编年史记录。

查尔斯·伍莱就曾试图为自己找到的文物制作详细的年代目录，总体而言，这份目录存在很多断代方面的问题。例如，不知有意还是无意的，他将乌尔王室墓地的年代排在了古埃及王国实现统一之前。这样一来，苏美尔文明便走在了其他古代文明的前面，同时也就成了西方文化的根源。

1930 年，苏美尔编年史研究领域发生了一次具有里程碑意义的事件。考古学家齐聚巴格达召开会议，决定对美索不达米亚最早期历史的讲述口径做一系列的统一调整。[1] 调整建立在一项共识的基础之上，即无论何处出土的文物，只要器型相似，便可被认定为同一时期的文物。按照这个统一口径，苏美尔文明的演进历程被划分为前后相继的 4 个阶段。时至今日，虽然在时间细节方面做了某些微调，但我们其实还在沿用这样的讲述方式。

这 4 个阶段分别是：欧贝德文化时期（公元前 6000—前 5000

年)、乌鲁克文化时期[1](公元前4000年)、杰姆代特奈斯尔文化时期(公元前3100—前2900年),以及早王朝时期。按照这样的排序,原始苏美尔文明创造楔形文字铭文和雕塑的时代,都属于早王朝时期,阿卡德历代国王统治的时期排在它后面,古地亚国王和乌尔纳姆国王统治的时代则紧随其后。

为完成上述编年史排序奠定基础的是由芝加哥大学东方学院主持的一项为期7年的考古发掘行动。巴格达文物黑市上出现的若干件文物决定了此次行动的具体挖掘地点。这些文物的源头可以追溯到距离底格里斯河的主要支流,迪亚拉河(Diyala River)东岸大概11千米的卡法迦(Khafajah)遗址。

科考队在迪亚拉河东岸同时选定了4个相邻的挖掘地点,即阿格拉卜土墩(Tell Agrab)、阿斯马土墩(Tell Asmar)、伊泽尔(Ishchali)和卡法迦。挖掘工作由亨利·法兰克福[2]主持,开始的时间与前文提到的巴格达会议恰好在同一年。

就像乌尔和基什的情况一样,此次考古行动的规模很大,数百名当地成年男性和男孩受雇清理这片区域。挖掘过程中,美国人投入了很多精力系统详细地整理挖掘记录。他们的关注点不仅是那些

---

[1] Uruk period,因位于伊拉克瓦尔卡的乌鲁克古城遗址而得名,这个时期的苏美尔文明产生了最早的象形文字。
[2] Henri Frankfort,荷兰亚述学家。

古代建筑遗迹，还包括文物出土的准确地层。这样做的好处就是可以按照时间顺序重构这处遗址的编年史。例如，卡法迦遗址一处名为"罪庙"（Sin Temple）的沉积层，就涵盖了新王朝时期的不同阶段，它的底层则属于杰姆代特奈斯尔文化时期。

卡法迦遗址发现了大量长方形的神庙地基，以及被双层外墙围起来的椭圆形庭院。通过挖掘一处名为"椭圆神庙"（Temple Oval）的古代建筑的外墙部分，考古学家发现，整座建筑的地基是一个深达 4.5 米的大坑。大坑中原先的土壤被挖走后，填充的是从城外运进来的干净沙土，土方量估计在 64000 立方米左右。这说明当初生活在这里的古人就像乌鲁克的邻居一样，具有调动和组织大规模劳动的能力。

科考队从上述 4 个挖掘地点获得的成果非常丰富，包括形式各异的陶器、金属制品、珠子、护身符小雕像以及椭圆形印章。通过对文物出土信息的详细整理，便可追溯同类器物在不同时期的形制演化过程。其中，椭圆形印章的演化最耐人寻味。

这些椭圆形的小石块，高度在 1—5 厘米不等，雕刻有各种抽象的图形和人物形象，应该算是美索不达米亚最为人所熟知的文物类型。早在文艺复兴运动时期，西方收藏家便热衷于搜罗此类印章。这其中的原因，一方面是它们便于携带，另一方面则是印章的材质大多是价值不菲的亚宝石。除此之外，这些印章上的图形还可以被视为某种艺术创作。文艺复兴运动时期几乎没有考古发掘的概念，博物馆和私人收藏者得到这些印章后，只能将文物的购买地点当作它们的来源地。

从乌尔遗址和迪亚拉河两地找到的大量印章，恰好可以与此前获得的数百枚无法说明准确来源的印章进行对比研究。主持这项工作的亨利·法兰克福始终致力于将陶器器型的演化作为划分古代美索不达米亚文明不同时期的重要标志。

图 27　伊拉克基什遗址出土的棕色大理石椭圆形印章和它的当代复制品，完成于公元前 2700 年前后

通过研究来自迪亚拉河的还愿雕像（votive sculpture），亨利·法兰克福转而认为，此类文物应该更能代表不同时期苏美尔文明价值观念的演变。卡法迦遗址和阿格拉卜土墩出土的还愿雕像，都可以与来自亚述、比斯马亚、基什和乌尔的同类文物进行对比研究，不过真正具有划时代意义的作品却是来自阿斯马土墩，1934 年出土的早王朝时代文物。[2]

图 28　出土自伊拉克阿斯马土墩的还愿雕像，创作于公元前 2900—前 2600 年前后

这处古迹的祭坛旁边精心埋藏了 21 个石头雕像。雕像以 3 个或 4 个为一组，码成一摞，体量最大的雕像被放在最下层。雕像由石灰岩雕刻而成，大小各异。男性身穿流苏服饰或簇绒短裙，女性则身穿流苏服饰或袒露一肩的簇绒长裙。有些男性留着长胡子和大鬓角，有些却剃了光头，也不留胡子。女性的发型和头饰更加多样。雕像通常都被刻画为双手交叉放在身前的姿势，一般都是右手压在左手上面，放在胸前或腰际。很多雕像的眼珠由金属或木头镶嵌而成，有些雕像的手里还端着杯子。

自从亚述遗址出土了同类文物以来，这些雕像便被认为应该是神庙殿堂上的神像，原先可能被安放在长椅或底座上，就像现在的博物馆一样。[3] 至于这些还愿雕像究竟是以何种方式被奉献给神的，则无从知晓，因为考古学家从未找到过原封不动留在原地的雕像。它们被发现时，大多与阿斯马土墩雕像的情况相似，要么被埋藏在神庙所在的地面以下，要么就是被摆放为献祭的状态。

古代苏美尔人相信，这些雕像可以代表献祭者的灵魂。将雕像作为礼物献给神，也就意味着象征性地将自己的灵魂而非肉体献给了神。献祭者将雕像献给神以前，很可能要将它摆放在自己和神像之间，静置一段时间。苏美尔神庙的规模通常都比较小，因此也就不会容纳太多的人同时举行仪式。[4]

苏美尔人和艺术

正如之前已经讲到的那样，此类性质的还愿雕像，始终是人种学关注的重点，因为它们可以在一定程度上反映苏美尔人的生理特征。这些雕像，再加上古代人类头骨和其他文字资料提供的信息，最终为考古学家将古代苏美尔人定位为欧洲高加索人种提供了依据，同时也为英、法两国在伊拉克和叙利亚实行殖民统治和傀儡政治提供了"合法性"。

作为西方文明的"根基"，苏美尔人在西方世界逐渐被奉为极富创造性的典型，那些通过考古挖掘获得的古地亚雕像和其他文物，因此也就升级成了艺术品。这种观念上的变化，反映了由第一次世界大战引发的社会危机所带来的社会审美标准的改变，体现了知识分子阶层对现实主义理念的全新理解。换言之，古希腊雕塑所代表的那种完美再现生活的现实主义审美观，当时正在遭到人们的质疑。

就像其他早期人类文明形式一样，苏美尔文明被视为人类文明演进过程中的"原始阶段"。历史上的不同时代和族群当中，都能找到与这种所谓的"原始阶段"存在很多相似性的对应文明形式。即便在我们身处的这个当下世界，其实也可以在某些被时光遗忘的角落里，发现原始文明的孑遗。

原始文明创造出来的艺术，自然而然属于原始艺术。随着现代社会艺术风尚的改变，某些原始艺术形式又开始在当代艺术家身上产生回响。1935 年，艺术史学家克里斯蒂安·塞沃斯[1]出版了专著《美索不达米亚艺术》(*L'art de la Mesopotamie*)。同年，雕塑家亨利·摩尔[2]为这本书撰写了书评。亨利·摩尔对这本书的评价，充分体现了那个时代艺术审美趣味的变化，以及由此带来的对古代苏美尔雕塑艺术评价的改变：

> 在过去的 30 年中，多方面齐心协力，始终在呼唤重新审视和评价旧有的艺术成就。随着通信和交通手段的提升，考古科学和发掘手段的进步，照相技术的发展，以及博物馆保存和展出条件的完善，将古希腊艺术奉为圭臬的观念也应做出相应调整。作为曾经优越的唯一标准，后来走向颓废的古希腊艺术，完全丧失其统治地位，主要是这些因素的相互作用……它们拓展了我们的认知视野，激发了我们对古代艺术的兴趣和崇敬……
>
> 大多数学者和批评家在论及古代美索不达米亚艺术时，往往都会忽略年代更早、更具艺术水准的苏美尔雕塑，或者将它

---

[1] Christian Zervos，法国学者，主要成就是毕加索研究。
[2] Henry Moore，英国人，擅长青铜和大理石雕塑。

们和稍晚些时候的古代巴比伦及亚述艺术品混为一谈。事实上，除了个别案例，后者的艺术水准远远不如前者。苏美尔人的时代……不能与堕落的古巴比伦人和亚述人的艺术品位相提并论。后者的社会过于物质化，过于穷兵黩武，生活在那个社会中的人崇尚奢靡和虚荣，他们只会修建浮华的宫殿和庙宇。

苏美尔人是农耕和游牧民族，他们拥有自己的诗人，可能还拥有包括星象家和博物学家在内的学者。他们的艺术起源于人类文明的初始阶段……话说回来，欣赏苏美尔人的艺术，其实并不需要了解它们背后的历史，而是只需要看看那些雕塑作品。当一件真正杰出的雕塑作品被创作出来以后，哪怕是在20000 年以前，"旧石器时代维纳斯"[1]那样的作品同样也是真实的，同样属于生活的一部分。此时此刻，那些目光足够敏锐、视野足够开阔的人，都可以感知到这点。

对我而言，苏美尔人创作的雕塑足可以和古希腊早期、埃特鲁斯坎、古代墨西哥、古埃及第四和第十二王朝、罗马风格[2]，以及古代哥特等不同时代和地域的雕塑作品比肩，是全世界最伟大的雕塑艺术。苏美尔人的雕塑传达了对生活的丰富

---

[1] palaeolithic Venuses，指出土于奥地利威伦道夫的维纳斯，这尊小雕像刻画的是一位丰乳肥臀的女性形象。
[2] Romanesque，公元 10—11 世纪欧洲基督教文化流行的一种建筑风格。

感知，体现了作者的思想，同时还带有某种神秘气息，是一种根植于真实创作冲动的复杂艺术形式。这样的作品质朴却又伟大，不带任何无用的繁复装饰（繁复的装饰是堕落的体现，代表了创造精神的衰退）。

就像其他伟大的雕塑和绘画作品一样，苏美尔人的艺术承载着抽象的价值观和创作理念，与之相伴的，是深邃的人类内心世界。[5]

"抽象"（Abstraction）被认为是"原始艺术"的基本元素之一，在不同时期和地域的艺术形式中都有所体现，其中当然也包括苏美尔人的艺术。[6] 正如芝加哥大学东方学院博物馆总策展人（chief curator）吉恩·M.埃文斯[1] 所说，作为上述理论的主要创建者，亨利·法兰克福借助艺术史学的方法论，在研究迪亚拉河沿岸各处遗址出土的雕像，尤其是泰勒艾斯迈尔宝库[2] 雕像的过程中，产生了上述思想。[7]

亨利·法兰克福将泰勒艾斯迈尔宝库发现的那些雕像视为全世界最古老的石质雕像，相信它们的身上承载着艺术起源阶段的历

---

［1］ Jean M. Evans，芝加哥大学艺术史教授。
［2］ Asmar Hoard，今属伊拉克迪亚拉省，位于迪亚拉河沿岸，1933 年出土了大量苏美尔雕像。

史。他认为其中的某些雕像属于抽象的艺术形式，换言之，也就是属于当时学者们想象中的"原始艺术"范畴，另一些雕像则更加具有现实主义精神。

法国考古学家在叙利亚幼发拉底河沿岸的哈里里土墩（Tell Hariri）也找到了很多现实主义风格的雕塑，其中就包括马里古城遗址出土的，带铭文的艾什琪马里国王（ruler Ishqi-Mari，他的名字起初被读为 Lamgi-Mari）雕像。在苏美尔王表的记载中，这座古城在整个苏美尔文明覆盖范围的最西端。

在将现实主义视为原始艺术进化产物的基础上，亨利·法兰克福进一步认为，带有抽象风格雕塑出现的年代必定早于更具现实主义特征的同类作品。有鉴于此，苏美尔的早王朝时期还可以再被细分为三个阶段，即早王朝时期的第一至第三阶段。

当代学者已经认识到，其实并不存在一个普遍适用的概念能够形容所谓的抽象艺术风格。他们因此开始对亨利·法兰克福的进化论艺术史观产生怀疑，认为那些风格迥异的雕塑只是不同地域文化的体现，这些雕塑的不同艺术特征应该归因于创作者的不同个性，以及所属的不同祭祀文化传统。[8]

话虽如此，此时的苏美尔人还是从人种学的研究对象蜕变成了伟大的艺术创造者。现代艺术家对古代苏美尔艺术推崇有加，这将让那些来自美索不达米亚的文物在博物馆展台上扮演全新的角色。

丑闻和西方对苏美尔的离弃

艺术史家将古代苏美尔的作品划入原始艺术范畴的同时，为博物馆搜罗此类藏品的考古学家却在面临全新挑战。1932 年，伊拉克王国摆脱英国控制，获得独立，后者则通过原先建立的傀儡政府，仍在一定程度上保持着对这个国家的影响力。在这样的情况下，进一步加强文物方面的控制，就成了新兴的伊拉克人宣示主权的重要手段。

根据 1924 年格特鲁德·贝尔制定的《文物法》，出土文物中所有"最稀有"（rarest）的物品，都要直接上交巴格达的博物馆，其他文物则由伊拉克政府和外国科考队按比例分配，不过这个比例并非是严格的五五分成。科考队由此可以按照自身好恶，任意解释分配规则。

1933 年，伊拉克政府开始朝着更有利于自己的方向解读《文物法》，同时针对文物分配规则提出了一系列的审核规定，情况随之发生改变，最终引发了所谓的"阿尔帕契亚丑闻"（Arpachiyah Scandal）。[9]

这件事的起因是伊拉克政府的教育部部长告知文物部的负责

人，德国考古学家朱利叶斯·乔丹（Julius Jordan），外国科考队只能拿走那些经过巴格达博物馆审批的物品。这也就意味着从今往后，外国科考队不可能再获得任何一件"最稀有"的文物。通常情况下，"最稀有"这个词的实际意思指的是仅有一件的文物。在这个前提下，很多非常普通的出土物品，也可以被贴上"最稀有"的标签。

认定这是一个错误的朱利叶斯·乔丹仍然坚持按照有原则分配文物，由此引发的冲突在名为阿尔帕契亚的考古发掘点白热化。那是一处位于伊拉克北部的史前遗址，现场工作由来自大英博物馆的马克斯·马洛温[1]负责实施。后来，当他打算离开伊拉克时，却被告知说，原计划运往伦敦的一批文物不能出境。马克斯·马洛温和其他很多西方考古学家对此感到异常愤怒，特别是在他们意识到由于相关法规的调整，自己未来可能要在伊拉克方面的监督下从事考古发掘的情况后，马克斯·马洛温决定不再返回伊拉克，而是前往当时由法国实际控制的叙利亚继续自己的工作。

马克斯·马洛温带了这个头以后，查尔斯·伍莱也中断了手上的工作，转而前往叙利亚的阿尔敏纳（Al Mina）和安塔基亚土墩（Tell Atchana）[2]。

---

[1]　Max Mallowan，1904—1978 年，英国考古学家。
[2]　这两处遗址如今都在土耳其境内。

1934 年 10 月，萨提·胡斯里[1]接替朱利叶斯·乔丹成为伊拉克文物部的负责人，这是该职位首次被掌握在伊拉克人自己手中。作为少壮派，萨提·胡斯里在政治理念方面秉持"泛阿拉伯主义"（pan-Arabism），异常重视不同阿拉伯国家间的兄弟关系，而不是将目光仅仅局限于伊拉克的国家利益上。这样的理念，符合在巴格达人数居于劣势，因而渴望在阿拉伯世界建立更广泛的联盟，以便加强自身实力的逊尼派（Sunni Arabs）的利益。

萨提·胡斯里号召阿拉伯人前往阿拔斯王朝[2]的故地朝觐，伊拉克文物部同时也将考古发掘的重点转移到那些阿拉伯帝国鼎盛时期的历史遗迹上。这与那些将关注点更多地放在为西方文明寻根的外国科考队恰好背道而驰。不仅如此，萨提·胡斯里还制定了一部新的《文物法》。新《文物法》在 1936 年正式生效，它规定所有出土文物全归伊拉克所有。作为对外国科考队的补偿，考古行动的资助人可以得到半数的文物复制品，以及巴格达博物馆不要的其他东西。

---

[1] Sati' al-Husri, 1882—1968 年，阿拉伯民族主义思想家，被称为"阿拉伯民族主义精神之父"。

[2] Abbasid Caliphate, 阿拉伯帝国的第二个世袭王朝。

种族、独裁和民主

此时的欧洲正朝着另一场将会蔓延到全世界的可怕战争[1]迈进，史学界对美索不达米亚早期历史的建构，仍然没有摆脱苏美尔人和闪米特人二元对立、此消彼长的窠臼。故事的讲述方式可谓老生常谈，只不过是在细节方面稍做更改。

在这样的历史叙事中，两个族群之间的仇恨绵延了若干世纪，最终，萨尔贡阿卡德王朝的闪米特人打败了苏美尔人（这个时间被认为是在公元前 2850 年前后）。除了乌尔第三王朝[2]时期（the Ur Ⅲ period，历史学家提出这个概念的依据是苏美尔王表中有"乌尔第三次统治美索不达米亚的说法"），苏美尔人有过短暂复兴以外，这之后的美索不达米亚始终都是闪米特人的天下。

萨尔贡王朝的兴起，同样可以勾连出很多故事。这个王朝肇始于苏美尔城邦乌玛在统治者卢伽尔扎格西[3]的领导下，先后征服了相邻的拉格什、乌鲁克和基什。随后，卢伽尔扎格西通过向位于尼普尔的埃库尔（Ekur）神庙中供奉的主神恩利尔奉献刻有铭文的祭品的方式，获得了统治美索不达米亚南部地区的合法权。

---

[1]　指第二次世界大战。

[2]　Third Dynasty of Ur，苏美尔人取代阿卡德人建立自己的王朝，又称乌尔帝国。

[3]　Lugalzagesi，本来是乌玛的祭司，后来篡夺了王位。

新的首都阿卡德城兴建完工后，萨尔贡除掉卢伽尔扎格西，篡夺王位，继而又征服了其他很多重要城邦。大功告成的他同样通过向主神恩利尔献祭的方式，确认了统治权的合法性。

历史学家以苏美尔人和闪米特人二元对立的方式构建古代美索不达米亚历史的做法，在20世纪30年代的背景下显得非常合情合理。此时，源自19世纪的种族学说和反闪米特主义已经在政治领域改头换面，最终通过极端方式在德国催生出以种族主义为基础的纳粹政府。纳粹思想的实质是要将既有世界改造成纯雅利安人的天下。这样的理念，势必会导致针对数百万犹太人的大屠杀（Holocaust）。

虽然苏美尔人在纳粹重构历史和炮制伪科学的过程中并不属于特别重要的一环，然而就像其他数百万普通人一样，这个领域的考古学家也不可能真正摆脱时代语境的束缚。朱利叶斯·乔丹或许是这其中最突出的代表。这位学者曾主持过亚述和乌鲁克两处遗址的考古工作，1934年被萨提·胡斯里接替以前，还是伊拉克文物部的负责人。只是因为卷入英国驻摩苏尔领事馆的暗杀阴谋，他才在1939年被迫离开巴格达。

置身这样的时代语境，此前半个世纪由历史学家构建起来的那套以苏美尔为中心的知识体系逐渐遭到质疑。1938年，曾经以铭文破译师身份供职于芝加哥大学东方研究所（Oriental Institute）的伊拉

克科考队的杰出语文学家陶克尔德·雅克布森（Thorkild Jacobsen），
对于历史上的苏美尔人和闪米特人是否真的发生过战争这个问题，
提出疑问。通过研究那些记载卢伽尔扎格西和萨尔贡征战经历的古
代文献，他可以证明两者间的冲突并非是一场种族战争：

> 苏美尔社群中的闪米特人，在很大程度上应该来自那些从
> 沙漠地带不断迁徙而来的零星部族。显而易见的是，这些零星
> 部族进入苏美尔社群以后，很快便定居了下来，同时也适应了
> 城市和农场的生活。他们很快对自己所处的城邦产生认同感，
> 进而变成其中的一员，不会僭越既有的社会秩序，抱团成为一
> 个相对独立的群体。
>
> 正如这些古代文献告诉我们的那样，闪米特人和苏美尔人
> 曾在美索不达米亚和平共处。引发这个地区王朝更迭的历次战
> 争，以及不同统治者麾下参与战争的那些军队，其实都与种族
> 无关。这些战争全部源于纯粹的政治问题，背后有一套独立的
> 社会和经济动机。[10]

陶克尔德·雅克布森论文的发表，并非意味着学术界已经不再
将苏美尔人视为一个社群，却说明历史学者正在尝试以一种更加多
元的历史观审视古代美索不达米亚世界。除此之外，陶克尔德·雅

克布森的研究成果，还促使人们对公元前 3000 年的历史进行再认识。就在阿道夫·希特勒（Adolf Hitler）麾下的大军闪击波兰的同时，陶克尔德·雅克布森发表了经他之手重新编排的苏美尔王表。

按照陶克尔德·雅克布森自己的说法，对于这些王朝的前后排序虽然只是"后人对历史的无意义重构"，但是王表中蕴藏的那些史料，比如历代国王的姓名和执政时间等，仍然具有非常高的价值。当然，王表对于在位时间最靠前的那几位国王过分夸张的歌功颂德，依旧需要我们以一分为二的心态去看待。[11] 那些历史文献的"可靠性"，充其量只是能够让我们对古代苏美尔王权统治的兴起，有个大致的了解而已。

基于上述看法，陶克尔德·雅克布森提出了所谓"原始民主"（Primitive Democracy）的概念。[12] 他认为美索不达米亚文明在历史的早期，曾经存在过一个公民集体自治的阶段。当族群面临危机，尤其是战争爆发时，他们也可以集体推选一位领袖执掌大权。陶克尔德·雅克布森提出这套想法的依据，是参考了古典时代的古希腊，除奴隶以外的所有自由男性（其中当然也不可能包括女性）都可以参与各项政治活动，并自由发表见解的历史。

按照这样的设想推演下去，在古代美索不达米亚，某些临危受命的领袖有可能在危机过后，拒绝交出手中的权力。正如现存已知的铭文和古迹所显示的那样，到了公元前 3000 年，国王将权力从公民手中夺了过来，独揽大权，独裁由此取代了民主。[13] 陶克尔德·雅克布森认为，早王朝时期，国王发动战争以前，或许还需要经过公民议会的授权。公元前 2000 年以后，公民议会逐渐演化成了最高法院。

由于讲述苏美尔早期历史的话语权掌握在国王手中，因此现存已知的史料很少谈及公民议会的情况。要想了解这种政治体制的运作模式，必须进一步发掘年代更加久远的史料。于是，陶克尔德·雅克布森将研究重点转向了那些神话传说。这其中特别为他所倚重的，是公元前 2000 年出自巴比伦人之手的一篇创世史诗。

这个故事讲述了发生在德高望重的海神提亚玛特（Tiamat）与几位年轻神灵间的冲突。后者最终以召开议会的方式，推举一位名叫马尔杜克[1]的年轻英雄作为自己的守护者。马尔杜克同意与提亚玛特决裂，前提是众神必须尊他为王。后来，马尔杜克打败了提亚玛特和他手下的那些妖魔鬼怪，最终登上宝座，人类由此成了神的仆人。

陶克尔德·雅克布森的理论获得了普遍接受，苏美尔人由此被塑造为民主制度的最早实践者。这套理论受到追捧，背后的动因是那个时代的人们对于破坏民主自由的纳粹主义的反感。随着时代语

---

[1] Merodach，巴比伦神话中的守护神，平息了神仙世界的混乱局面，成为众神之首。

图 29　出土自伊拉克基什遗址，载有创世史诗的楔形文字泥板，创作于公元前 900—前 630 年前后

境的变化，上述理论在学术界的热度便逐渐降了下来。[14]

陶克尔德·雅克布森依据的那些史料问世的年代，其实都远远晚于他希望研究的那个年代。与此同时，这些史料的神话属性，也让它们在历史研究领域存在可靠性方面的疑问。无论如何，政治永远都是一种平衡游戏，是一场统治者与被统治者间的博弈。美索不达米亚南部保存下来的公元前 3000 年前后的城市遗迹大多是宫殿和神庙，至于其他形式的权力机构，比如宗族势力、恩庇侍从[1]，乃至公民议会等，也几乎都在这些城市中存在过。全盘否定陶克尔德·雅克布森的理论，可能是错误的。

由于那些古代苏美尔纪念碑和铭文所具有的王室权威性，本书后文的讲述将更多以它们为基础。这既是笔者的愿望，也是一种现实的选择。[15]

神庙之国和水力之国

早期苏美尔城市究竟如何运转，一个获得普遍接受的观点是，神庙在古代苏美尔人的政治和经济生活中起到了核心作用。纵贯整个 20 世纪 20 年代，一位名叫安东·戴梅尔（Anton Deimel）的德

---

[1]　Patron-Client，即平民以投靠权贵者为奴的方式获得利益和保护。

国苏美尔学家（Sumerologist）陆续研究了大概 1700 件来自特洛遗址的楔形文字泥板文书。这些文献提供的信息，揭示了苏美尔人是如何通过神庙体制来管理他们的农业和商业的。

安东·戴梅尔由此得出结论，古代苏美尔的全部耕地和劳动力都归神庙所有。依照这套异常偏激的说法，苏美尔国王平时应该负责管理宁吉尔苏，也就是拉格什城邦最高神灵的神庙。与此同时，王后则专门执掌巴巴（Baba），也就是宁吉尔苏妻子的神庙。

从某种意义上说，拉格什的老百姓都是神的奴隶，于是他们也就自然而然成了国王的奴隶。公元前 3000 年以后，神庙体制逐渐让位于更加世俗化的政治体制。大概在公元前 2100 年前后，商业活动的控制权转移到以王权为核心的官僚集团手中。[16]

到了 20 世纪 50 年代末期，类似这样的说法开始遭到质疑。俄国苏美尔学家伊戈尔·贾科诺夫（Igor Diakonoff）认为，安东·戴梅尔的观点是错误的，那些来自泥板文书的信息，完全可以做出另一种不同的解释。

苏美尔的神庙就像中世纪的教堂一样，确实可以占有耕地，不过更多的耕地还是掌握在宫廷手中。此外，个人和家族也会占有一定的土地份额。奴隶在苏美尔社会的确存在，却只占庞大人口基数很小的比例，最起码，肯定赶不上后来在古希腊和古罗马发现的规模。后者的经济发展，完全依赖奴隶劳动。与他们不同的是，苏美尔神庙主要通过徭役的方式，从自由人身上榨取利益。[17] 神庙在古代美索不达米亚的确扮演着重要角色，却也只是众多"演员"中的一位。

安东·戴梅尔理论的基础是政治势力、城市主义、水利工程建设等因素的相互关联。古代苏美尔由此被树立为包括埃及文明、印度河谷文明在内的诸多人类文明的代表。

由于美索不达米亚南部存在年降水量不足的问题，同时还需要持续应对底格里斯河和幼发拉底河的泛滥，当地人理所当然地认为需要建立一套庞大的灌溉系统，并对此进行维护。为了做到这点，就需要动员国家的全部劳动力。同时，人们还被告知，要想确保自己在这片土地上的辛勤付出获得相应回报，那就只能寄希望于神的庇佑，而不是个人或家庭的努力。

1957 年，随着卡尔·魏特夫[1]《东方专制主义》（*Oriental Despotism*）一书的出版问世，类似这样的理论获得了更广泛的接受。除此之外，20 世纪五六十年代在美索不达米亚南部广阔地区的考古活动发现的大量古代沟渠遗迹，也在一定程度上为这套理论提供了佐证。

就像"神庙之国"理论一样，"水利之国"理论的提出，必须

---

[1]　Karl Wittfogel，德裔美籍历史学家。

不断面对批评和反对的声音。考古学的相关发现进一步证明，美索不达米亚灌溉系统的问世，其实要远远晚于专制政府和官僚机构出现的时间。事实上，这个地区纵横密布的河网，以及需要围堰防护的淤积平原，都意味着引水灌溉在当地并不是什么特别难办的事。很早以前出现在这里的城市，并不需要修建复杂的灌溉设施来维持自身的运转。

伊拉克和苏美尔人

一直以来，欧美国家对于苏美尔政治、经济、历史的构建过程可谓柳暗花明、毁誉交加。考古领域相关法规的收紧，外国科考队向周边国家的转移，则意味着有史以来第一次，伊拉克自己的考古学家将要亲手执掌本国的考古工作。

伊拉克的第一代考古学家以福阿德·萨法尔[1]和塔哈·巴基尔[2]为代表，他们受伊拉克政府资助，在美国芝加哥大学接受了为期5年的专业教育。1940—1941年，福阿德·萨法尔携手在国内接受教育的考古专家穆罕默德·阿里·穆斯塔法[3]，以及伊拉克文

---

[1] Fuad Safar，1911—1978年，伊拉克考古学家。
[2] Taha Baqir，伊拉克考古学家和语言学家，曾任伊拉克博物馆馆长。
[3] Mohammed Ali Mustafa，1910—1997年，伊拉克考古学家。

物部门的英国顾问塞顿·劳埃德[1]，来到位于巴格达以南 80 千米的乌奎尔土墩。18 他们在当地发现了欧贝德文化时期的定居点，还找到了一座保存完好、建立在巨型砖坯地基上的乌鲁克时代的神庙遗迹。

这处建筑的结构与乌鲁克遗址的"白庙"非常相似，神庙的某些部位甚至残存着几米高的墙壁。令人震惊的是，神庙内部的墙壁上装饰着大量以各种人物和动物为题材的彩色饰带画，虽然多数画面只保留了最靠下的部分。神庙大厅的后部正中还有一处台阶，拾阶而上，可以抵达一座高台。高台正对的墙上，用红、黄二色刻画了两名站岗卫兵的形象。

乌奎尔土墩的遗迹一直保存到 1941 年，那之后，伊拉克遭遇了有史以来的第二场军事入侵。1941 年，具有反英背景的民族主义者拉希德·阿里·盖兰尼（Rashid Ali al-Gailani）被任命为伊拉克首相，新首相履职后，很快表明了支持纳粹德国政府的立场。他的所作所为令英国感到忧虑，后者因此暗中向巴格达周边反政府的什叶派穆斯林（Shi'ite tribes）提供支持，试图间接推动这位亲德首相下台。

下台后的拉希德·阿里·盖兰尼得到伊拉克军中当权派的支

---

[1]　Seton Lloyd, 1902—1996 年，英国考古学家。

图 30 乌尔纳姆国王的奠基雕像、珠子和泥板文书，出土自伊拉克尼普尔遗址，完成于公元前 2100 年前后

持。作为反制措施，英军在巴士拉登陆，平息了这股势力，随后建立了能够控制伊拉克全国的军政府。阿拉伯民族主义者的这次行动失败后，萨提·胡斯里被迫流亡，不过他掌权时制定的很多措施却被保留了下来。

1945 年，伊拉克文物总局（Directorate General of Antiquities）创办了一份名为《苏美尔》（*Sumer*）的期刊，以阿拉伯语定期公布近期的考古成果。发表在这份期刊上的文章，只有最前面的简介部分使用英文。

第二次世界大战结束后（伊拉克在 1943 年加入同盟国一方），外国考古学家受邀重返伊拉克。考古所得的文物，多数归伊拉克博物馆所有，他们只能分到很少的一部分，不过后者还是很快适应了这样的情况。

战后首批重返伊拉克的外国考古学家来自芝加哥大学东方学院，他们在 1948 年恢复了对尼普尔遗址的发掘。这次行动找到了 3 处神庙以及多处私人住宅遗迹，另有数千件楔形文字泥板文书出土。另外，考古学家还由此确定，主持扩建位于埃库尔的恩利尔神庙的人，应该是国王乌尔纳姆，也就是乌尔第三王朝的创建者。

1956 年，尼普尔遗址的一处神庙地基出土了一尊收藏在箱子里的青铜小雕像。雕像表现的是正在举行宗教仪式的国王乌尔纳姆。国王双手托着一只装满黏土的小筐，高高举过头顶。筐里的黏土可能就是这座神庙第一块砖坯的原材料。随同雕像出土的还有一块刻有国王姓氏铭文的石板、一些珠子，以及 4 块刻有日期的石头。

《苏美尔》期刊随即公布了这些发现，同时还宣称：

> 很高兴看到地位如此尊贵的一位君主，能够这样屈尊，像其他普通苏美尔老百姓那样，充当一名工人。这是民主政治的体现。[19]

这番关于民主的讲述，很可能根植于那个时代流行的大众民主（popular democracy）思潮，同时也可以被狭隘地视为对当时城市精英和部落长老联手操控伊拉克政局的指桑骂槐。

1958 年，经济和政治方面的不平等，最终导致了推翻伊拉克君主政体的"七月革命"[1]的爆发。阿卜杜勒·卡里姆·卡塞姆准将（Brigadier General Abdul al-Karim Qasim）顺时而动，成了伊拉克革命后的新领袖。这位将军在政治领域更多秉持伊拉克民族主义思想，而非泛阿拉伯主义。他上任后，理所当然，会有意强调伊拉克自身历史在阿拉伯世界的独特性，同时还将古代美索不达米亚象征女神伊南娜的八角星图案奉为后革命时代伊拉克的代表。[20]

---

[1] July Revolution，又称伊拉克七一四革命，推翻了费萨尔王朝的统治，建立了伊拉克共和国。

类似这样的冲动，还表现为对于修建公共建筑的持续热情。正如伊拉克裔美国学者嘉南·马基亚（Kanan Makiya）所说，革命后的伊拉克首都出了很多新鲜事：

> 直到 1958 年，巴格达市内总共竖起了 3 座大型雕塑。它们都是 1918 年奥斯曼土耳其帝国倒台后，出自外国艺术家之手的作品。
>
> 1914 年从土耳其手中夺走伊拉克控制权的英国军官斯坦利·毛德将军，如今以青铜雕像的形式，伫立在英国大使馆门外。现代伊拉克的缔造者，费萨尔国王的雕像，则静静地站在伊拉克国家广播电台的外面。第三座雕像属于一位无关痛痒的人物，他是伊拉克的前首相阿卜杜勒·穆辛·萨杜恩[1]。21

1959 年，伊拉克艺术家贾瓦德·萨利姆（Jawad Salim）受阿卜杜勒·卡里姆·卡塞姆准将委托，准备在巴格达市内修建一座庆贺伊拉克革命胜利的纪念碑。贾瓦德·萨利姆曾在巴黎和罗马研习过艺术，第二次世界大战结束后返回伊拉克，在新成立的美术研究所（Institute of Fine Arts）任教，同时还受雇于考古博物馆，负责

---

[1]　Muhsin Saadoon，1922—1923 年在任。

维护古代苏美尔雕塑。这其中就包括那些来自阿斯马土墩，本应送往芝加哥大学的雕塑。

恰恰是这些古代作品，为贾瓦德·萨利姆提供了创作灵感，帮助他把那些从欧洲学到的抽象艺术概念，以雕塑的形式表达出来。[22]如此一番古今碰撞的结果，催生了著名的自由纪念碑（Freedom Monument /Nasb al-Hurriyah）。这座纪念碑，整体是一面长达 50 米的石质画板，画板上按从右到左的顺序，通过青铜浮雕的各类人物造型，讲述了伊拉克人为自由而战的故事。这样的艺术造型，不禁让人想起古代苏美尔的椭圆形印章。

非常遗憾的是，贾瓦德·萨利姆在 1961 年去世。此时距离这座矗立在巴格达市中心解放广场（Tahrir Square）的纪念碑完工揭幕，只剩最后几个月的时间。

文化遗产在构建现代伊拉克国家认同的过程中发挥着重要作用，位于巴格达的考古博物馆因此开始更加受重视。这座由格特鲁德·贝尔亲手创建的博物馆，经过若干年的不断积累，已经达到饱和程度，很久以前便有人提出，应该为这些文物寻找一个更宽敞的存储和展示空间。

1938 年，文物总局从政府方面得到了用于在巴格达市中心购买土地的资金，德国建筑师维纳·玛赫[1]受聘为伊拉克设计一座新的博物馆。由于第二次世界大战爆发，工程被迫暂停，直到 1955年才重新开工，随后在 1963 年正式完工。

图 31　贾瓦德·萨利姆创作的自由纪念碑，1961 年完成于巴格达

　　阿卜杜勒·卡里姆·卡塞姆准将组建的政府此时已被推翻，倾向泛阿拉伯立场的伊拉克民族主义者夺取了国家政权。后者对构建一套相对独立的伊拉克国家历史的兴趣没有前者那么高，所以新博物馆直到 1966 年才正式开放。

　　博物馆整体的设计理念，是要让参观者按照编年史的顺序，纵览伊拉克从史前时代直到阿拔斯王朝的国家历史。整座博物馆的核

---

[1]　Werner March，1936 年柏林奥运会体育场的设计者。

心，是一座以苏美尔人为题的画廊。为了配合博物馆开放，伊拉克还发行了一套纪念邮票。这套邮票其中一枚的图案，就是珠光宝气的普阿比女王披挂全套首饰的头像。

图 32　1966 年发行的纪念伊拉克博物馆开馆的邮票

此时的伊拉克政府为了强调自身独立性，进一步收紧了文物分配方面的相关法规（各方在 1974 年以法律的形式签署条约）。根据新的规定，所有文物都归伊拉克国有。伊拉克的文化遗产必须掌握在巴格达手中。

一个不懂苏美尔语的书记官，算什么书记官（苏美尔格言）

伊拉克博物馆保存着数量可观的苏美尔语楔形文字泥板文书，但是还有成千上万在 19—20 世纪被专业考古队或盗墓贼挖掘出土的泥板文书和残片，散落在世界各地，比如芝加哥、柏林、伊斯坦布尔、伦敦、牛津、巴黎和费城的研究机构和博物馆，乃至其他私人收藏者的家里。

长期以来，始终有人呼吁将这些零散的古代文献统一收集起来，进行整理破译。第二次世界大战结束后，这项类似大型拼图游戏的工作随即被付诸实施。参与这项工作的许多学者，尤其关注那些记载了经济信息的古代文献。例如任职于宾夕法尼亚大学，因整理、破译古代苏美尔文学作品而广受赞誉的萨缪尔·诺亚·克拉莫尔[1]，1994 年，他专门为普通读者出版了一本《苏美尔神话》（*Sumerian Mythology*）。这本书也在某种程度上，全方位展示了那个时代的公众如何构建一种以苏美尔人为中心的文化想象：

> 苏美尔人既非闪米特人种，也非印欧人种，他们生活在公元

---

[1]　Samuel Noah Kramer，美国宾夕法尼亚大学近东文明系教授，他编辑、整理的《苏美尔神话》已有中文译本。

前4000年年初至公元前3000年年末的巴比伦尼亚南部[1]。经历过如此漫长历史时期的苏美尔人，种族和语言特征都已变得非常模糊。他们创造的文化，是整个近东文明的代表。[23]

萨缪尔·诺亚·克拉莫尔认为，无论诗歌、神话，还是珍贵的历史文献和官方记录，都可以成为我们了解苏美尔人的信息来源。20世纪40—80年代，他陆续出版了一系列以苏美尔为题的通俗读物，甚至声称苏美尔文明是整个人类文明的肇始。

萨缪尔·诺亚·克拉莫尔的书获得了巨大的成功，被翻译为多种语言，影响广泛并不断再版。他成功的秘诀，主要在于将苏美尔人塑造为一个与现代族群无异的独特种族，因此很容易引起读者共鸣。时至今日，他的理论还在制约着人们对于古代美索不达米亚世界的文化想象。

神圣的婚姻

某些苏美尔文学作品经萨缪尔·诺亚·克拉莫尔之手，被解读为以"神圣婚姻"（Sacred Marriage）为题的场景描述。他认为，这

---

[1] Babylonia，指幼发拉底河流域及周边地区。

是一种充满欢乐和喜悦的宗教仪式，曾被人们传承了数千年。[24] 类似这样的观点，并非萨缪尔·诺亚·克拉莫尔首创，早在公元前450 年前后的古希腊时代，历史学家希罗多德（Herodotus）对此就曾有过相关记载（希罗多德《历史》第 181—182 页）。按照希罗多德的描述，巴比伦的庙塔，就是神（通常由国王扮演）和女祭司举行交合仪式的场所，这样做的目的是祈求大地持续获得丰产。

1890 年，随着弗雷泽[1]《金枝》（*The Golden Bough*）一书的出版，这种对于神—神联姻或者一人一神联姻的文化想象，逐渐在学术圈获得普遍接受。伊拉克文物部的负责人西德尼·史密斯[2]就是其中的一员。他认为，1921 年在乌尔发现的普阿比女王墓，实际就是一场祈求丰收仪式的再现。"女王"的真实身份，可能是一名高级女祭司，也就是月神众多的"新娘"之一。[25]

这样的想法，得到了众多学者的认可：

古老的神圣婚姻仪式，即便不是古代巴比伦宗教的核心和基础，也应该具有非常重要的意义。仪式的主角之一，是城邦的守护神。当时的人们相信，举行这样的仪式，可以通过一系

[1]　James George Frazer，英国人类文化学家，认为巫术的出现应先于宗教，他的《金枝》一书目前已有多个中文版本。
[2]　Sidney Smith，1889—1979 年，英国考古学家，曾就职于大英博物馆。

图 33 乌鲁克花瓶，出土自伊拉克乌鲁克遗址，完成于公元前 3100 年前后

列的法力，让人多子多孙，使土地获得丰收。换言之，仪式产生的恩泽雨露可以遍及城邦中的每个家庭，让他们的家禽、家畜，乃至土地硕果累累。[26]

基于这样的重要性，"神圣婚姻"仪式无疑会成为古代美索不达米亚艺术主题的重头戏。类似题材艺术品的最典型代表就是出现在史前时代晚期的所谓"乌鲁克花瓶"（Uruk Vase）。

1933—1934 年，德国考古学家在乌鲁克遗址找到了一件带有浅浮雕装饰的石膏器物残片。虽然他们当时挖掘的地层属于杰姆代特奈斯尔文化时期，不过这件器物的年代可能还要稍早一些，制作年代大概在公元前 3200—前 3100 年。

出土残片最终被复原为一只花瓶。花瓶的高度刚超过 1 米，表面的人物浮雕呈环形分布。花瓶的最底部是两道水波纹图案，它们是河流的象征。水波纹往上，反映的是耕种庄稼（亚麻、椰枣或大麦）的场景。耕种场景再往上，是排成行列的羊群（母羊和公羊交替出现）。[27] 羊群图案的上方，或许是为了显示自己的纯洁和谦卑，几个人物形象全身赤裸，手里拿着装满各种物产的罐子。

花瓶的最上方表现的是耕作场景，一位身穿渔网状短裙的男士显得鹤立鸡群，参考已知的同时期雕塑，他的身份应该是一位祭司或国王。这位男士正在通过中间人和一位女士对话。女士的身后有一根旗杆，旗杆的顶端有一个圆环，圆环上还拖着一条横幅。那是女神伊南娜的象征。画面的其他部分，描绘的可能是一座神庙的内部。图案内容包括几个花瓶，以及一对身材矮小的男女，他们站在公牛的背上，似乎是受人崇拜的神灵。

植物、动物和人物的造型在整个花瓶上不断出现，结合最上部的图案，花瓶纹饰的整体寓意可以被理解为在神的恩赐之下，人间呈现出一片物阜民丰的气象。[28] 作为献给女神伊南娜的礼物，这只花瓶用简洁的笔法，概括性地描绘了一个井然有序的农业世界。不过就在这只所谓的"乌鲁克花瓶"重见天日后不久，它身上的那些纹饰却被重新解读为"神圣婚姻"仪式的再现。参加仪式的双方是女神伊南娜和她的丈夫，也就是羊倌杜木茨[1]，这两个角色通常由国王和一位女祭司负责扮演。时至今日，类似这样的说法，仍然拥有广阔的市场。

充足的文献证据显示，类似这样的祭祀仪式在古代苏美尔的多个城邦都曾普遍存在。在拉格什和乌玛的同类仪式中，神圣婚姻中的男女神灵，通常由国王和王后扮演。值得注意的是，乌尔第三王朝时期，以及后续的伊辛王朝（Isin Dynasty）文献中，还曾大量出现伊南娜女神和国王发生鱼水之欢的描写。某些学者据此认为，实

---

[1]　Dumuzi，苏美尔神话中掌管春天和农业的神。

际参加这种仪式的双方，也可能是负责扮演羊倌杜木茨的国王和一位扮演女神的女祭司。[29]

近期，某些针对苏美尔诗歌的研究，却令上述观点面临着挑战。苏美尔人留下的文学文本，往往像诗歌那样蕴含深意，因此不能仅按字面意思理解。[30] 所谓的"圣神婚姻"，或许仅仅是以隐喻的方式，形容苏美尔王权源自上天授予的神圣性。事实上，当时的苏美尔并没有出现统一的一神教，不同城邦的宗教仪式和节日，往往具有很大独立性。

恩赫杜安娜[1]的诗

19 世纪以来，阿卡德王朝的崛起通常被视为苏美尔文明走向衰落的第一步。萨尔贡大帝打败乌玛统治者卢伽尔扎格西的最直接后果，便是美索不达米亚维持了将近两个世纪的统一局面，建立了相对完善的社会体系，尽管统一局面的背后依旧矛盾重重。

这个时代的文献，经常同时使用阿卡德语和苏美尔语，说明当时的美索不达米亚可能有双语并存的情况（本书后面还会谈到这个重要问题）。来自不同城邦的神，在身份和形象方面得到整合，从

---

[1]　Enheduana，萨尔贡大帝的女儿，月神伊南娜的女祭司。

而形成了一个庞大的神灵体系。萨尔贡大帝的继任者在向众多神庙提供慷慨布施的同时，尤其看重尼普尔的埃库尔神庙[1]。不仅如此，萨尔贡大帝的女儿恩赫杜安娜还被任命为位于乌尔的月神南纳神庙的女祭司。

恩赫杜安娜是苏美尔历史上一位真实存在过的女强人。1927年，乌鲁克遗址出土了一件半透明的石膏圆盘残片。圆盘直径26厘米左右，厚7厘米左右。圆盘背面用苏美尔语镌刻着"恩赫杜安娜"的名字，以及她作为月神南纳妻子和萨尔贡大帝女儿显赫身份的描述。盘子正面的中部，有一块类似椭圆形印章的阳文浮雕。浮雕的左半部，男祭司站在正襟危坐的神灵面前，正在向一株植物倾倒某种液体。神灵身下的宝座被刻画为阶梯状的宝塔造型。[31] 男祭司的身后，跟着一位戴着头巾，身穿荷叶镶边长袍的女士。女士的身后，还站着两个剃光头的人，应该是男性，他们可能是参加仪式的随从，也可能是其他祭司。

女性形象通常很少出现在古代美索不达米亚的艺术品当中，除非是女神或地位异常显赫的贵妇。鉴于画面中那位女士的居中位置，以及发号施令的气魄，她一直被考古学家认定为是恩赫杜安娜本人。乌尔遗址中出土的恩赫杜安娜手下的仆人、理发师以及

---

[1] Ekur，苏美尔主神恩利尔的神庙。

其他侍从的椭圆形印章，也从另一个侧面说明这位女士的身份非比寻常。

图 34　恩赫杜安娜圆盘，出土自伊拉克乌鲁克遗址，完成于公元前 2300 年前后

到了 20 世纪 60 年代，被认为是出自恩赫杜安娜之手的 4 首苏美尔语赞美诗的破译，进一步为这位女士增添了一抹亮色。其中的一首赞美诗名为《欢喜的伊南娜》（ *The Exaltation of Inana* ），它是恩赫杜安娜献给女神的一首颂歌，意在向后者请求庇佑。

这首诗近期出现的英译版，准确传达了它的魅力和美感，以下只是其中的一小段：

法力无边的女神，绚烂如光。你举止高贵，貌美如花，深受安[1]和乌拉什[2]的宠爱。

项挂华贵项链的上天之女，美丽的头饰庄重得体，洞悉七大神力。我的女神，你是伟大神力的守护者！你拥有这些神力，你手握这些神力！你苦苦修炼这些神力，你将它们烂熟于胸。[32]

恩赫杜安娜创作的另一首更华丽的赞美诗，越发对伊南娜极尽溢美之词，同时也表达了自己渴望获得伟大女神垂青的心愿。此外，这位女祭司还因为编辑、整理一本收录了来自苏美尔各处神庙，总计42首赞美短诗的诗集而广受赞誉。在一首出自其他作者之手，献给月神南纳的赞美诗残本中，"恩赫杜安娜"这个名字也曾多次出现。

如此之高的成就令人赞叹。这不仅是因为在那个时代的美索不达米亚，即便男性书记官，也很少能获得为作品署名的殊荣，更因为恩赫杜安娜有可能是全世界"第一位"女诗人。

恩赫杜安娜作品的重见天日，刚好与第二波女权主义（feminism）思潮迎头相遇。1978年，人类学家玛塔·维格[3]在《前

---

[1] An，美索不达米亚神话中的众神之首，乌鲁克的守护者。
[2] Urash，安的配偶之一。
[3] Marta Weigle，1944—2018年，美国人类学家和民俗学家。

沿：女性研究杂志》（*Frontiers: A Journal of Women Studies*）上发表
了名为《作为文学艺术家的女性：拯救恩赫杜安娜的姐妹》（*Women
as Verbal Artists: Reclaiming the Sisters of Enheduanna*）的论文。[33]

5 年之后，女诗人黛安·渥克丝[1]与萨缪尔·诺亚·克拉莫
尔联袂撰写了《伊南娜：女王的天国和土地》（*Inanna: Queen of
Heaven and Earth*）一书。这本书收录了很多萨缪尔·诺亚·克拉
莫尔翻译的以女神伊南娜为题的苏美尔故事和赞美诗，以及他亲
手撰写的导言。尽管同时代的学者认为黛安·渥克丝仅仅将伊南
娜描绘为一位女孩、母亲和女王，却对她作为女性战士的身份只
字不提的做法问题重重，存在很多误解和误读，但这本书仍然被广泛
阅读。[34]

时至今日，与黛安·渥克丝持相同观点的作者仍旧不乏其人，
其中就包括撰写了很多明显具有女性主义倾向作品的荣格[2]研究专
家贝蒂·德尚·米德尔[3]。这说明即便是在文学翻译领域，诗意化
的相像同样存在。[35]

在翻译这些苏美尔诗歌的过程中，一个问题随即浮出水面，那

---

[1]　Diane Wolkstein，美国女作家和诗人。

[2]　Jung，瑞士心理学家和精神病学家，创立了人格分析心理学理论。

[3]　Betty De Shong Meador，美国旧金山荣格研究所的退休研究员，还翻译、整理
了一些古代苏美尔诗歌。

就是说，很多记载恩赫杜安娜作品的楔形文字泥板文书，并非完成于阿卡德王朝时期，而是出现在更晚的年代。即便同为苏美尔语，公元前 2300 年的苏美尔语和公元 8 世纪的苏美尔语，在拼写和语法方面也存在着天渊之别。

另一个问题在于，这些泥板文书当中，往往还混杂着很多其他内容的文本，尤其是出自神庙的赞美诗，这些诗歌赞美的对象，大多是那些年代比恩赫杜安娜晚了大概 200 年，曾为神庙的修建提供资助的历代乌尔国王。这说明，恩赫杜安娜的作品应该还有年代更久远的版本，只可惜它们并没能流传下来。现在能够看到的版本，是出自后世书记官之手的复制品。

如果情况果真如此的话，恩赫杜安娜是否真的就是这些诗歌的作者，也就成了一个问题。某些古代苏美尔诗歌同样署着国王或王后的名字，然而他们却从不被认为是这些作品的实际作者。对这些手握王权的人来说，找个代笔者并不是什么难事。恩赫杜安娜很可能仅仅是一个豢养作家的贵族，而非真实的作者。

换言之，当阿卡德历代国王以及他们后世子孙的历史需要被"故事新编"，从而为现实服务时，生活在公元前 2000 年某个时间段的恩赫杜安娜便被有意戴上了"女诗人"的桂冠。

基什传统

尽管苏美尔文学已经成为研究美索不达米亚历史的一个重要切入点，但包括马丁·克雷默[1]在内的学者还是倾向以非艺术性的视角，审视更广泛意义上的中东地区。

20 世纪六七十年代，泛苏美尔主义（Pan-Sumerianism）的那套理论，遭到了来自芝加哥大学的亚述学家伊格纳茨·吉尔伯（Ignace Gelb）的质疑。他提出了一套被戏称为"基什传统"（The Kish Tradition）的观点，意在强调曾经的基什城邦以及后来的基什王朝，同时也是那些生活在美索不达米亚南部淤积平原上的闪米特人的家园。[36]虽然类似"苏美尔和阿卡德的王"的表述方式，似乎体现了苏美尔和阿卡德两大族群在美索不达米亚的南北对立，然而实际情况却是，在阿卡德语文献占多数的乌尔、乌鲁克和吉尔苏等北方遗址，同样出土过数量众多的苏美尔语文献。

例如，1963—1965 年，芝加哥大学东方学院就曾在位于尼普尔西北方向 20 千米的阿布萨拉比赫（Abu Salabikh），找到了大约500 件泥板文书和残片。年代最古老的文献可以追溯到公元前 2600年前后。正如事先预料的那样，通过署名判断，这些文献的多数作

[1]　Kramer，指 Martin Kramer，美国中东问题专家。

者都不是苏美尔人，而是闪米特人，其中至少有两份政府文件使用的是阿卡德语。[37]

伊格纳茨·吉尔伯还提出，"基什王"这个头衔可能会被很多城邦的统治者共同使用，因而体现出一种更加复杂的政治权力关系。这样的做法，是否可以被视为基什城邦成为这个区域的主导力量以后建立的某种传统？答案的确如此。索尔基德·雅各布森[1]认为，正是基什城邦的崛起，摧毁了美索不达米亚的原始民主社会，建立了新的原始君主专制体制。

1964年，随着位于叙利亚阿勒颇以南大概60千米的埃卜拉（Ebla/Tell Mardikh）古城遗址得到发掘，所谓"基什传统"的影响范围进一步扩大。来自罗马大学（University of Rome）的保罗·马蒂亚[2]主持的这次考古发掘显示，早在公元前2400年，当地就出现了可以和美索不达米亚南部城邦相匹敌的中心城市。

位于这座古城中心的，是一座恢宏的宫殿和其他政府机构。这些建筑的内部富丽堂皇，装饰有很多与美索不达米亚南部风格类似，带有木质底板的石灰岩镶嵌画，画面内容包括武士、狮头鸟身的神鸟、牛首人身的怪物等。

最令人惊叹的文物，出现在1975年得到发掘的一处宫殿遗址

---

[1] Thorkild Jacobsen，丹麦历史学家。
[2] Paolo Matthiae，罗马萨皮恩扎大学的古代近东艺术史教授。

中，它们是由 17000 块完整或破碎的泥板文书组成的国家档案。其中的 5000 块泥板，就像今天的图书馆一样，被有序地收藏在木质的书架上。档案内容包括政府文献，国王、王后，还有其他高级官员向埃卜拉的诸位神灵献祭的供品清单，各方往来的信件，外交条约和协议等。档案全部用埃卜拉语（Eblaite）书写，这是一种接近阿卡德语的闪米特族语言。埃卜拉出土的某些古代文献中还掺杂了一些来自苏美尔语的词汇，比如专业术语、鱼和鸟的名称等。当地的书记官特意在这些外来词旁边标注了对应的埃卜拉语词汇。其中有一首献给太阳神沙玛什（Shamash）的赞美诗，这是目前已知最长的以闪米特语书写的古代文献，考古学家后来还在萨拉比赫发现了它的副本。

图 35　叙利亚埃卜拉的行宫遗址

这座图书馆之所以保存完好，可能是因为阿卡德王朝在扩张、征服的过程中，只是劫掠、烧毁了这里的宫殿，却并没有染指那些国家档案。伊格纳茨·吉尔伯依据埃卜拉国家档案中出现的人名、神灵名称，以及日历中不同月份的命名方式得出结论，埃卜拉文化体系中的很多元素应该都来自基什（某些文献中明确记载说，有来自基什的书记官在政府中任职）。这位考古学家因此不无痛苦地承认：

> 我并没有特意强调古代美索不达米亚的南北对立，认为北方强于南方，或者闪米特人比苏美尔人优越。然而有一个简单的事实却是显而易见的，那就是闪米特文化在基什到埃卜拉之间的地区曾广泛传播。闪米特人文化与巴比伦尼亚南部地区的苏美尔文化之间存在明显的差异性，这二者实现了共存和互补。[38]

伊格纳茨·吉尔伯还修正了关于前苏美尔时代，美索不达米亚南部地区原住民的那套说法，并得到了普遍认可。早在 19 世纪和 20 世纪初期，人们始终认为前苏美尔时代生活在美索不达米亚南部地区的原住民应该是闪米特人，苏美尔人抵达这里以后，逐渐将他们驱赶到了北方。伊格纳茨·吉尔伯却认为，比苏美尔人抢先一步生活在那里的，可能是另一个民族，他们说着与闪米特人完全不同的语言。

来自芝加哥大学的亚述学家本诺·兰兹伯格[1]对此也持相同观点。根据他的研究，苏美尔人对很多城市的命名，包括他们使用的一些技术用语，乃至某些职业和行业在他们口中的称呼，其实都借鉴自一种或几种语言。[39]虽然苏美尔人的文字书写体系建立起来以后，这段历史便逐渐遭到了人们的遗忘，我们却仍然可以从中找到些许蛛丝马迹。

本诺·兰兹伯格随后初步确认了两种更古老的语言，这两种语言分别被他命名为原始幼发拉底语（Proto-Euphratean）和原始底格里斯语（Proto-Tigridian）。这样的发现进一步印证了苏美尔人可能是在稍晚些时候，才来到美索不达米亚定居的设想。这个时间点可能是欧贝德时代的末期，也就是公元前 4000 年前后。

1944 年，本诺·兰兹伯格首次发表了自己的理论。只可惜 55 年以后，进一步的深入研究发现，他和别的学者发现的所谓"前苏美尔语言"，不过是对同时期其他语言的借用，还有一些则属于货真价实的苏美尔语。[40]本诺·兰兹伯格的那套说法根本就是空想。

---

[1] Benno Landsberger，1890—1968 年，美籍奥地利人，芝加哥大学东方学院教授。

苏美尔人和外星入侵者

上述几套理论的共同之处是，在问世初期就获得了学术界的广泛关注，随后却又遭到了批评和扬弃。还有一些学说，自从出现以来就从未被学术界认真对待过，然而却在公众对苏美尔的想象中占有一席之地，比如那种将苏美尔的诸位神灵与各种天象和天体互相对应的做法。按照这套理论，月神南纳就是月球的人格化身，女神伊南娜则是金星的化身。然而现在还没有证据表明，苏美尔人曾经认为地球上肉眼可见的五大行星（水星、金星、火星、木星和土星）可能存在外星生命或者可能被人类造访。

目前已知最早的以月球旅行为题材的故事，名叫《信史》（*Lucian of Samosata*），出自公元 2 世纪的古希腊星象学家琉善（Lucian of Samosata）之手。19 世纪儒勒·凡尔纳[1]创作的小说《从地球到月球》（*From the Earth to the Moon*，1865）其实是对这个老故事的某种改编。那之后，赫伯特·乔治·威尔斯[2]又创作了名为《第一个抵达月球的人》（*The First Men in the Moon*，1901）的小说。这部小说设想人类登陆月球，还在那里遭遇了地外文明。

除此之外，赫伯特·乔治·威尔斯以火星人入侵地球故事为题

---

[1] Jules Verne，法国科幻小说家。
[2] H. G. Wells，英国小说家。

材创作的小说《星际战争》(*The War of the Worlds*, 1898), 还首次提出了"地外生命"的概念。20 世纪 50 年代, 这部小说通过不断被改编为电影的方式, 获得了公众的普遍接受。这些电影, 将外星人刻画为在智慧和科技方面都要远远高于人类的地外生命。他们或饱含善意, 或充满敌意, 来到地球的目的, 要么是帮助我们, 要么就是毁灭我们。后一种故事情节, 在一定程度上, 其实也折射了冷战时代美国对苏联的恐惧。

到了 20 世纪 60 年代, 很多原先的科幻小说似乎都变成了现实。既然如此, 来自古代美索不达米亚的奥安尼斯[1]传说, 为什么就不能效仿它们的先例? 用天才文学家卡尔·萨甘和焦西福·石克拉夫斯基的话说, 我们是否应该投入比之前更多的精力, 探索与地外文明之间直接沟通的可能性? [41]

根据公元前 280 年前后, 一位名叫贝罗索(Berossus)的男祭司用古希腊语写成的《巴比伦尼亚史》(*Babyloniaca*)一书, 奥安尼斯从波斯湾的海中显现, 随后向人类传授了很多知识。这位神人的故事是从一个更古老的美索不达米亚传说改编而来的, 后者讲述了名为"鱼形圣人"[2]的神向人类传授各种科学技术和社会规范的

---

[1] Oannes, 苏美尔神话中为人类带来文明的水神, 某些学者认为, 那些以他为题材的故事可能就是苏美尔人与外星文明接触的证据。

[2] apkallu, 苏美尔神话中人头鱼身的神。

事。如果类似这样的故事真的以隐晦的方式记载了人类与地外生物的相遇的话，那么古代苏美尔人也就顺理成章地成了此类故事的创造者。

随着将史前文明的辉煌归结于外星文明影响的那套说法越发深入人心，1968 年，埃里克·冯·丹尼肯[1]出版了一本名为《众神的战车》(*Chariots of the Gods?*) 的畅销书。他认为，只有借助外星人的技术，才有可能修建位于吉萨的古埃及金字塔，英国的巨石阵 (Stonehenge)，以及其他很多古代奇迹。外星人造访地球的证据，其实就隐藏在古代的艺术和建筑物当中。

埃里克·冯·丹尼肯的笔下很少会出现苏美尔人的形象，这或许是因为后者以砖坯为基础的建筑形式入不了前者的法眼。与此相反，俄裔美国作家撒迦利亚·西琴 (Zecharia Sitchin) 则热衷于讲述苏美尔人与外星人的故事，并且通过他的书和电视改编作品，将自己的理念灌输给了成百上千万的观众。

从 1974 年到 2010 年离开人世，撒迦利亚·西琴先后撰写了十多本相同题材的小说。故事讲述的都是一支名为安努纳奇人 (Anunnaki) 的外星族群，从未知的尼比鲁 (Nibru) 星球来到地球，他们的使命就是要通过苏美尔人之手，在地球上创造人类文明。人

---

[1] Erich von Däniken，瑞士作家，被誉为外星人研究之父。

类作为安努纳奇人与猿猴杂交的混血生物，其实很久以前就生活在地球上。这些混血生物非常聪明，但是聪明的程度却又赶不上自己的祖先。后者早已离开地球，然而未来的某天，他们或许还会回来。

塞缪尔·克雷默、陶克尔德·雅克布森等人翻译、整理的古代苏美尔文献，让那个时代的人们前所未有地获得了近距离接触古代美索不达米亚神话的机会。撒迦利亚·西琴特别感兴趣的是名为《阿特拉哈西斯》（*Atra-Hasis*）的阿卡德创世神话，这个故事的重见天日，只比他动手创作小说稍早几年。

撒迦利亚·西琴声称，自己通过自学楔形文字和古代语言的方式，逐渐读懂了这个神话，进而以科幻小说的形式，将它重新展现给世人。神话中的那些神灵被替换为外星人。为了迎合当代读者的口味，创造人类的手段也被换成了通过基因工程改造地球上的猿猴。类似这样的故事，事后被证明具有非凡的吸引力。

撒迦利亚·西琴将他创作的此类题材的小说命名为《地球编年史系列》（*Earth Chronicles series*），丛书的第一册《第十二行星》（*The Twelfth Planet*），先后再版了 45 次，还被翻译为 25 种语言。从那之后，他创作的故事还被改编成了名为《古代外星人》（*Ancient Aliens*）的电视节目搬上荧屏。这个题材的电视节目后来又衍生出很多同类分支。

人们一直试图在其他星球寻找苏美尔人和外星人存在关联的证

明。2015 年 12 月，美国国家航空航天局（NASA）公布的一张来自"好奇号"（rover Curiosity）探测器的火星岩石照片，被认为可能是一尊苏美尔风格雕像的头部。虽然这块岩石的表面，真的可以看出类似眼睛、鼻子和胡须的结构，然而它与古代美索不达米亚存在关系的可能性却几乎为零。

某些对此深信不疑的人却认为，外星人曾经很可能同时在火星和地球上建立过殖民地，因此在火星上出现一尊与诸如阿斯马土墩之类的古代遗迹风格相似的雕像实在不足为奇。这充分说明了古代安努纳奇人与古代苏美尔人之间的神秘渊源。[42]

虽然没有任何证据足以支持上述观点，类似这样的说法仍然非常受欢迎，即便是某些国家的政府也不能免俗。2016 年，卡迪姆·芬扬（Kadhim Finjan），也就是时任伊拉克交通部的部长，特意在乌尔遗址的庙塔旁边举行记者招待会，宣称苏美尔人曾在这里修建过一座古代发射场，以便在 5000 年以前，向太空发射宇宙飞船。[43]

安努纳奇人和苏美尔人究竟是怎么搭上关系的呢？"安努纳奇"这个词其实是阿卡德语，苏美尔语的对应写法应该是"Anunna"。这个说法，最早出现在古地亚国王统治时期和乌尔第三王朝时期的铭文当中，含义大致可以被理解为"王室的血脉"（Those of princely seed），特指美索不达米亚神话中等级最高的诸位神灵。[44]与此同时，无论是"Anunna"还是"Anunnaki"，都不能被用来形容单独的神。

　　从某种意义上说，苏美尔人和古代外星人的那些故事，实质上就是一场当代造神运动。神话的制造者用现代读者熟悉的科技用语替换了那些古代语言，最终实现了对老故事的"旧瓶装新酒"。更令人担忧的是，类似这样的说法，还通过否定古代民族自身创造力的方式，完成了对于 19—20 世纪种族理论的"借尸还魂"。按照这套理论，生活在殖民地的土著民族，天生就应该逊色于外来的殖民者——无论故事的主角是苏美尔人、英国人，还是来自尼比鲁星球的外星人。[45]

第 5 章

最早的文字

截至20世纪70年代中期，乌鲁克遗址已累计出土大约5000块原始楔形文字泥板文书和残片。柏林自由大学的汉斯·尼尔森[1]要在很长一段时间内，对这些古代文献进行整理和复制。来自马克斯·普朗克研究所（Max Planck Institute）的彼得·达梅罗[2]则会与他合作，一同破译文献的内容。

一直以来，古代苏美尔人都被认为是最早发明文字的民族，这些古代文献是否可以为此提供相关证明呢？

通过在乌鲁克遗址的埃安娜神庙废墟，也就是这些泥板文书埋藏地进行发掘，已经搞清了那里的地层年代。种种迹象显示，这座城市在杰姆代特奈斯尔文化期，即公元前3100年前后，经历过一次彻底重建。城市早期的重要建筑全部遭到拆除，只留下了一些砖坯。拆除这些建筑的目的，是用出自它们的碎石填充清理出来的空间，为若干新建筑修造一座独立的巨型砖坯地基。

正如前面所说，地基上的坑洞和塌陷部位，往往会被大量的碎片填满，碎片包括完整的泥板文书和残片，以及带有印章痕迹的破碎土块，它们当初是被贴在房屋入口和储藏室的门上，作用相当于现在的封条。这些破碎的印痕很容易被复原，复原后的结果显示，乌鲁克的仓库中堆放的货物可谓五花八门，其中多数都是农产品。

---

[1] Hans Nissen，指 Hans Jörg Nissen，生于1935年，德国苏美尔学家。

[2] Peter Damerow，1939—2011年，德国数学家、哲学家、教育学家和历史学家。

苏美尔人将它们放进储藏室和仓库后，通常会在黏土上加盖印章，然后用这种黏土封条封闭大门。某些做此用途的椭圆形印章，款式明显经过专门设计，用以表明它们所属的不同政府部门，或者它们所管理物品的不同门类。

这方面最具代表性的例子，是一枚装饰了牛群图案的印章。虽然考古学家无法搞清这枚印章的确切出处[1]，但牛群图案说明这枚印章的职能应该是管理牲畜。牛群图案的下面有一排芦苇小屋。小屋里关着牛犊，还摆放着很多可能是挤奶用的容器。这枚印章曾经的主人应该是一位管理牛群和奶制品的官员。从芦苇小屋里伸出来的，挑着三个圆环的旗杆状图案，可能代表印章主人的身份等级，同时还说明他或许供职于某座神庙的附属机构。椭圆形印章的顶部，用销钉固定了一只银质的公牛小雕像，它的作用是充当把手。白银在古代苏美尔具有很高的价值，一般需要通过伊朗进口，这也从一个侧面反映了印章主人的尊贵地位。

不同印章代表的不同部门，它们日常的主要任务可能就是管理政府征集的各类物资，这些物资或许还会被投入城市中心的工程建设当中。某座储藏室或仓库的门被打开后，加盖了印章的破碎黏土封条也许会被保存一段时间，充当凭证，然后才会被销毁。

---

[1] 原文如此，作者的意思是说这枚印章可能来自文物黑市，因此没有留下相关的考古信息。

图 36　带银把手的石灰岩椭圆形印章，出土地点未知，完成于公元前 3100 年前后

　　用于书写文字的泥板，可能也会经历相同的处理流程。政府部门会根据上面记载的出库数据统计剩余的库存量。当然，泥板上保留的信息不会告诉我们这些物资到底是从什么地方来的，也不会告诉我们它们最终会被用在什么地方。我们因此无法了解那个位于城市以外的苏美尔世界，也就是这些物资的生产源头，更无从知晓它们的长途贩运过程。

　　很多泥板文书都记载了向个人支付纺织品、粮食和奶制品的情况。大麦（可能是被用于烘焙面包）、植物油和啤酒通常会被官员作为报酬，分发给手下那些登记在册的工人。得到报酬的他们，则听命于前者，从事某些全职或临时工作。种种迹象表明，这些劳动力当中包括数百名战俘，还有数量可观、来自异域的女性奴隶。留在泥板上的记录显示，他们受到的待遇比牲畜强不了多少。

　　这些泥板文书记载的信息其实只能反映当时社会很小的一个侧面，因为能够留下记录的往往只是数量非常有限的几个部门，这几个部门很可能还属于最高等级的政府机构，它们能够提供给我们的信息无疑是片面的。话虽如此，泥板文书上的那些文字仍然说明，当时乌鲁克很多居民的生活境遇即便到不了猪狗不如的程度，日复一日的光景也非常凄凉。

　　来自泥板文书的信息显示，那时的苏美尔社会存在着清晰的等级划分。社会最高层过的日子与社会底层相比，可谓天壤之别。代表性的例子是一块用于计算田地产量的泥板文书。泥板的正面，分5栏记载了5块田地各自的出产。泥板的背面，还有几行铭文，说明了这些出产的最终分配情况。其中的 2/3 被分给了标记为"en"（这个词语在晚期苏美尔语里的意思是"领主"）的领头人，其余的 1/3 则被不平均地分给了 5 个人。这 5 个人中的一位，被标记为"en-sal"，也就是领头人妻子的意思。

随着时光的流逝，泥板上记载的这些信息，对当时的人们而言，变得没有了任何意义。苏美尔人可能会定期清理过期的泥板，将它们集中扔进垃圾堆，随后再用于填充建筑地基上的那些坑洞。这样的做法，让后人很难准确判断泥板的具体年代。对于此类问题，通常的解决方案是根据楔形文字的字体，确定泥板文书的所属时期。带有早期楔形文字的泥板被划分到"第 4 阶段"（phase Ⅳ），相应地，带有晚期楔形文字的泥板则被划分到"第 3 阶段"（phase Ⅲ）。

目前已知的第 4 阶段的泥板全部来自乌鲁克，第 3 阶段的泥板却广泛分布在美索不达米亚的多处古代遗址。这说明苏美尔人发明的那套社会管理体系，曾以美索不达米亚南部为起点，逐渐向周边扩展。出土自杰姆代特奈斯尔的泥板也属第 3 阶段。从卡法迦遗址、乌奎尔土墩、乌尔遗址、阿达卜和基什遗址出土的泥板，也都属于这种情况。

问题在于，考古学家弄不明白，曾经书写这些泥板文书的人，

日常生活中说的到底是什么语言。几乎可以确定的是，原始楔形文
字最早应该出自那些从属于乌鲁克城邦最高政府部门，负责管理资
源和人力的大小官员之手。虽然我们无法搞清，这些部门以神庙或
宫廷为核心究竟形成了怎样的一种运作体系，但为了实现无障碍交
流，写在泥板上的语言，必然是一种人人都能读懂的全国性语言，
而非个性化的口语。换言之，无论平常说什么语言的人，应该都能
明白那些符号的意思。

图 37　记载土地出产分配比例的楔形文字泥板文书，出土自伊拉克的杰姆代特奈斯
尔遗址，完成于公元前 3100 年前后

　　苏美尔人群体当中可能存在一种通用书面语的最有力的证明，

非那些出土的古代"辞书"莫数。亚当·法肯施坦因[1]最早发现了此类泥板文书，将它们命名为"辞书"（'lexical texts'）。鉴于目前已经出土的"辞书"多数来自乌鲁克遗址，推断出从古朴楔形文字[2]产生的年代到之后的 500 多年间，当地存在着不间断的书记官传承体系。学者们的普遍共识是，古朴楔形文字记录的就是苏美尔语。只不过这样的共识只是某种合乎逻辑的猜测，因为始终存在一个无法得到解释的问题，那就是，为什么在那些用古朴楔形文字撰写的文献中找不到任何一个可以识别出来的苏美尔人名。[1]

新的成就和挑战

阿拉伯复兴社会党主政伊拉克以来，尤其是 1979 年萨达姆·侯赛因掌握大权后，伊拉克政府对考古活动和博物馆的建设热情明显提高，因为新兴的国家需要把伊斯兰时代和前伊斯兰时代的历史记忆重新整合起来，满足当下的需要。[2] 曾经的文物部被更名为国家文物和遗产委员会（the State Board of Antiquities and Heritage），部门预算也获得了大幅度增加。各省纷纷建立自己的博物馆，依照巴

---

[1] Adam Falkenstein，1906—1966 年，德国苏美尔学家。

[2] archaic tablets，这个时期的楔形文字放弃了线性笔画的书写方式，开始用削成三角形的芦苇笔笔尖将文字符号直接按压在泥板上，因此呈现出更明显的楔形特征。

格达的统一口径，向民众讲述自己国家的历史，同时还有意遗忘了某些更具地方性的历史记忆[1]。

位于巴格达的伊拉克历史博物馆也采用了相同的讲述口径，造访那里的人，如同经历了一场从史前时代一直到阿拔斯大帝统治时期的历史之旅。生活在公元前 3000 年的苏美尔人，成了故事讲述的重要一环，以他们为题的展室被安排在博物馆上层，单独占据一个大厅。

邮政部门则再次发行了各种以历史文化遗产为题的邮票，其中就包括出自苏美尔人之手的建筑和文物图案。20 世纪 80 年代以来，随着一系列文物修复计划的实施，乌尔遗址的庙塔开始越来越多地被当成邮票图案的主角。

历史领域提出的一种存在颇多疑问的观点，进一步拉近了美索不达米亚历史与当代生活在那片土地上的民众的距离。这种观点认为，所有闪米特人，换言之，也可以理解为所有古代美索不达米亚人，全部是起源自阿拉伯半岛（Arabian Peninsula）的阿拉伯人。[3]按照这样的逻辑推演下去，既然苏美尔人是人类文明的开创者，那么他们的"后代"——现在的伊拉克人，也就成了全世界的功臣。

如此既精密又专业的国家历史建构，其背景是 20 世纪一场

---

[1]　即通过忽视地方性强调统一性的方式，打造一种共同的国家记忆，从而增强民众对国家的认同感。

漫长而血腥的战争，那就是 1980—1988 年的两伊战争（Iran-Iraq war）。两国冲突的一个热点地区位于阿拉伯河（Shatt al-Arab）沿岸，在冲突过程中，当地的很多历史古迹成了炮兵和坦克阵地。因为这些古迹的地势普遍比较高，相对于周围一马平川的原野，具有居高临下的优势。

两伊战争结束后仅仅两年，萨达姆·侯赛因便挥师入侵科威特（Kuwait）。作为回应，1991 年 1—2 月，以美国为首的 35 国联军，赶走了盘踞在科威特的伊拉克军队，这就是通常所说的海湾战争（Gulf War）。这场战争对文化遗产的破坏之一，就是乌尔庙塔表面那些由子弹、炮弹和弹片造成的大小坑洞，以及航空炸弹在庙塔周围留下的弹坑。破坏产生的原因，可能是因为萨达姆·侯赛因当时在这处古迹附近停放了很多米格 –21 战斗机（MiG-21 fighter）。[4]

海湾战争结束后，伊拉克陷入内乱，引发内乱的两股势力主要是北方的库尔德人和南方反抗萨达姆·侯赛因统治的什叶派穆斯林[1]。内乱夺走了成千上万人的生命，除此之外，在随后的若干年中，先后有 11 家省级博物馆遭到洗劫，流失的文物大约有 3000 件，很多博物馆被迫永久关闭。

到了 20 世纪 90 年代中期，由于美国主导的国际制裁，伊拉

---

[1] 萨达姆政权主要以逊尼派为主，他们在伊拉克实际只占少数。

克经济发生大规模通货膨胀，这个国家的大部分人陷入了生活的绝境。身在这样一个令人绝望的时代，文物走私，尤其是走私那些楔形文字泥板文书，就成了一条"生财之路"。这些从各处古迹盗掘出来的泥板文书通过各种手段被走私出境，随后就会在文物黑市上待价而沽，萨达姆·侯赛因的姐夫 / 妹夫阿萨德·亚欣[1]被认为是这些文物走私行动的幕后黑手。5 尽管这样的做法明显违反联合国的相关规定，西方媒体对此却不约而同地选择了视而不见。

到了 20 世纪 90 年代末，仍然保持着相当实力和财富（前提是以伊拉克人民的牺牲为代价）的萨达姆政权故技重施，再次通过重构历史的方式，为自身统治提供合法性。

同样是在这 10 年当中，人们对世界的理解和认知方式，以及不同国家间的沟通方式，都在发生巨变。这其中就包括伊曼纽尔·沃勒斯坦[2]提出的世界体系理论，这是一套以全新视角重新理解社会演化的理论体系。除此之外，1978 年爱德华·萨义德[3]出版的《东方学》（*Orientalism*）一书，则颇具颠覆性地审视了西方史学界对中东历史的建构过程。

---

[1]　Arshad Yashin，萨达姆的保镖和私人飞行员，他跟萨达姆父亲的女儿结了婚，这位女儿的身份未知，原文写为 brother-in-law，因此无法判断他到底是萨达姆的姐夫还是妹夫。

[2]　Immanuel Wallerstein，美国耶鲁大学社会学家，代表作《现代世界体系》。

[3]　Edward Said，巴勒斯坦裔美国学者。

类似这样的新成就，大多出自伊拉克以外的地方，包括美国、欧洲、日本和澳大利亚等地的大学和博物馆。伊拉克这个国家，则在经历了长达半个世纪的战乱和分裂后，又迎来了另一场入侵。

越发严厉的制裁条件逐步限制了外国科考队在这个国家的工作，慢慢将他们挤出了苏美尔文明的核心地带，考古工作的重心开始向伊拉克周边国家转移。这就为考古学家重新审视公元前5000—前2000年美索不达米亚南部地区的文明演化进程，提供了某种全新视角。与此同时，借助艺术历史学家对苏美尔遗迹的深入研究，语言学家对这个地区古代语言，尤其是苏美尔语的了解，研究又达到了一个新的高度。所有这一切，最终构成了本章接下来所要为读者呈现的，公元前7500—前1600年，美索不达米亚的文化和历史图景。

从何处开始（公元前 7500—前 3500 年）

直到 20 世纪下半叶，伊拉克南部始终存在着一个具有重要意义，却被人们忽视或认为无足轻重的区域，那就是当地广阔的沼泽湿地。这片湿地通常被视为文明的"他者"，长期被长颅型的沼泽阿拉伯人盘踞，后者因为天生的劣势，必然受制于生活在城市中的短颅型苏美尔人。[6]

按照以种族理论为基础的历史观，人类文明只能诞生在那些天然干燥的地区。因为这样的地区有利于城市的兴起，灌溉设施的建设，以及农耕文化的发展。作为称职政府的前提条件之一，就是能够组织人力和物力，将湿地转化为可耕种的土地，正如 19 世纪的英国政府人为排干位于英格兰东部的沼泽地那样。

耐人寻味的是，萨达姆·侯赛因执政时期，人为排干 20000 平方千米沼泽地的做法，则被视为一场人造的生态灾难。这场生态灾难造成大量居民和野生动物流离失所，最终的结果却只是把沼泽变成了无法耕种的荒地。[7]

较早意识到沼泽地对于维持正常生活和经济运行具有重要意义的学者，是罗伯特·考麦密克（Robert Mccormick），他在 1962—1968 年，以及 1981—1983 年担任芝加哥大学东方学院院长，后来又受聘成为史密森学会（Smithsonian Institution）秘书长。他认为，美索不达米亚南部地区的古代社会，是一个涵盖农业种植、牲畜饲养，以及沼泽开发在内的复杂体系。体系中的每个成员，拥有各自的专业，同时又互通有无，相互合作。[8]

近期的研究则进一步揭示了河网、水道对于苏美尔人生活的重要价值，从某种意义上说，芦苇、棕榈密布的三角洲其实是他们日常生活的“底色”。[9]公元前 7500 年前后（比此前预料的要早得多），乌鲁克当地便已出现作物种植活动就说明了，苏美尔人最早选择的居住地就是那些淡水资源丰富，近似沼泽地的环境。[10] 目前还有证据显示，苏美尔人差不多也是从那时开始种植椰枣。

沼泽地的演化取决于波斯湾的潮涨潮落。欧贝德文化期，波斯湾的水位至少比现在高 2.5 米。公元前 5000 年中期，海水甚至可以漫灌到乌尔城脚下。[11] 因此修建定居点时，往往有意识地选择龟背地形，也就是那些高于三角洲平均海拔的小山包。沿河流修建的堤坝周围遍布着沼泽和湿地，和其他由于洪水定期泛滥造成的独特地貌。大大小小的村庄、城镇，则依河而建，依河而生。

到了公元前 4000 年，海平面相对稳定，河流将大量泥土带到入海口，三角洲的面积由此不断扩大，为生活和耕种提供了更多土地。人们沿河种植椰枣，开垦田园，同时还在河里捕鱼。[12] 参照乌鲁克王朝晚期椭圆图章上的铭文和图案，当时的苏美尔人生活在芦苇秆建造的房屋里，还在湿地中狩猎包括野猪在内的各种野生动物。

古代苏美尔人究竟是如何与这个世界融为一体的？依照后人猜测，作为想象中来自美索不达米亚南部地区以外的入侵者，他们抵达当地最早的时间点，可能是欧贝德文化期、乌鲁克王朝或早王朝时期，当然也可能是更早的时期。

最后一种观点由美国考古学家琼·奥特兹（Joan Oates）在 20 世纪 60 年代提出，同时她还开列了一份能够体现美索不达米亚史

图 38　伊拉克沼泽地上的芦苇小屋，拍摄于 1978 年

图 39　出土自叙利亚布拉克遗址的"眼睛玩偶"，完成于公元前 3600 年前后

前时代文化传承延续性的大事年表。[13] 除此之外，琼·奥特兹在叙利亚布拉克土墩的考古工作，也从另一个视角揭示了苏美尔世界作为全球最早城市诞生地的某些早期历史。

在过去的很长一段时间里，我们总是自然而然地将类似城市、文明，以及苏美尔人这样的概念连为一体。美索不达米亚南部被想象为一片城市中心区，全世界最古老的城市，就是那里最耀眼的地标。[14] 对这样的固有想法提出质疑，几乎是一件不可能的事。然而在布拉克土墩持续数十年的考古工作，最终证明了美索不达米亚北部地区在公元前 4200 年前后，其实已经开启了城市化进程。目前来看，叙利亚北部地区城市（前提是如何定义"城市"这个概念）的出现时间，应该和伊拉克南部那些所谓"全世界最早的城市"相同，甚至可能更早。[15]

就像南部淤积平原的那些城市一样，北方城市中的数千万居民，也需要面对周期性或毫无规律出现的饥荒和战乱。公元前4000—前3800 年，布拉克古城从 55 万平方米猛增到 130 万平方米，这个面积明显大于同时期位于波斯湾沿岸的埃利都。除此之外，布拉克古城周围还星罗棋布着大大小小的村庄，只不过这些村庄后来都被逐渐遗弃，曾经生活在那里的居民则纷纷涌向城市，并在那里修建了砖石建筑。

如此令人感到意外的城市化进程在当地人的经济生活中引发了

连锁反应，催生了很多新的职业，城市周边开始集中出现门类多样的手工业。[16] 负责管理这些行业的人，手中通常持有苏美尔常见的椭圆形印章，他们的职责范围涵盖工人日常工作和生活，以及货物的存储、分发和交换等，不一而足。

布拉克土墩中发现的年代在公元前 3700 年前后，埋葬着大量年轻人的坟墓证明，城市化进程很可能在这座古城的不同阶层，甚至同一阶层当中，引发了尖锐的社会矛盾。这些英年早逝的年轻人，或许就是内部冲突或者内战的牺牲品。[17] 与此同时，当地出土的上百件小型石灰岩牌匾则意味着，生活在那里的人们已经产生了某种个体或群体意识。

这些牌匾的形制可以被视为某种抽象的人形，牌匾相当于头部的位置，顶着一双巨大的眼睛，因此被称为 "眼睛玩偶"（eye idols）。"眼睛玩偶" 属于美索不达米亚北部地区特有的文化传统，可能是当时的居民献给神庙的祭品。它们与南部地区稍晚些时候出现的献祭雕像，属于两个相对独立的体系。

乌鲁克的扩张和建设（公元前 3500—前 2900 年）

伊拉克政府对考古领域的相关法规做出调整后，马克斯·马洛温离开这个国家，将自己的工作重心转向叙利亚（由当时受法国支持的傀儡政权控制）。1937—1938 年，他主持了布拉克土墩的发掘工作。在一处年代确定为公元前 3300—前 3200 年的沉积层里，考古工人发现了一座大型砖坯建筑的遗迹，它的规模足可以和同时期的乌鲁克建筑相匹敌，就连墙壁上由圆锥形泥块组成的马赛克镶嵌画，也丝毫不比后者逊色。

这座建筑显然是一座神庙，因为它的中央大厅后部有一个用黏土堆砌而成的基座，那或许是祭坛的残留，祭坛顶部的边缘装饰着由金板和彩色石子拼接的图案。马克斯·马洛温在当地年代稍晚一些的地层中发现了那些"眼睛玩偶"以后，便将这里命名为"眼睛神庙"。为什么一座具有乌鲁克风格的神庙会出现在如此远离乌鲁克文化中心的北方？

数十年以后，考古学家找到了答案。20 世纪 60 年代晚期至 20 世纪 80 年代中期的考古发掘工作，为我们展示了一段令人惊异的关于侵占和交往的历史。这一系列发现的起因，是为了抢救底格里斯河和幼发拉底河将要被河水淹没的古迹，被淹没的范围可能还包括这两条大河在土耳其、叙利亚和伊拉克北部等地的主要支流。

抢救发掘行动相继找到了若干座大小各异的古城遗址，这说明美索不达米亚南部地区在历史上，始终与那些分布在更广阔范围中的社群和文化体系维持着紧密的联系。在某些地方，这种联系的最直接体现是那些乌鲁克风格的独立建筑或小规模的城镇。与周围的建筑和艺术风格相比，它们很容易分辨出来。

　　最让人惊叹的考古证据，是叙利亚在幼发拉底河上修建的巴盖水坝（Tabqa Dam）。为了调动外国科考队的积极性，当时的叙利亚政府修改了《文物法》，允许他们从出土文物中适当分成。来自比利时、德国和荷兰的科考队，在一处可以俯瞰幼发拉底河，很少甚至从未被南方势力染指过的高地上，发现了一处纯南方风格的建筑遗迹。

　　这座名为哈布巴·卡比拉（Habuba Kabira）的古城是个规模很大的镇子，属于白手起家，事先经过规划的城市。采用乌鲁克风格的砖坯修建的房屋鳞次栉比，在城区中分隔出众多小巷。小巷相互勾连，最终通向城市的主干道。主干道的路面铺了石板，路两边还挖了排水渠。整座城市周围环绕着蔚为壮观的城墙。城市中名为"卡纳斯土墩"（Tell Qannas）的制高点，集中修建了与乌鲁克相似的多座大型建筑。城市建设者体现出来的规划和管理水平令人叹为观止。

图 40　出土自叙利亚布拉克遗址的圆锥形土块墙壁镶嵌画，完成于公元前 3200 年前后

沿幼发拉底河上溯一段距离，耶班尔·阿鲁达（Jebel Aruda）是一座规模稍小的城市。城市的中心有两座神庙，神庙周围环绕着很多房屋，房屋的面积比哈布巴·卡比拉略大一些。两座城市都出土了具有典型美索不达米亚南方风格的陶器和椭圆形印章。

人类学家吉列尔莫·阿尔加兹[1]将这些定居点的出现解释为殖民扩张。[18]他认为，由于美索不达米亚南部地区缺乏金属资源、坚固的石头和硬质木材，因此位于南方的城邦必须要在北方建立相当于商站功能的定居点，为他们的大规模建设源源不断地供应各种原材料，同时也采购一些南方淤积平原不出产的宝石和贵金属。殖民定居点被颇具战略眼光地安插在维系南北交通，以及东西纵贯美索不达米亚的主要河流沿岸。目前已经有证据表明，马克斯·马洛温在布拉克土墩发现的那座神庙确实具有这样的功能。

所有这些定居点并非出现在同一时期，它们当中年代最早的，出现在公元前 4 世纪中期，最晚的则要往后推迟好几个世纪。毫无疑问，这些定居点的修建并没有一个统一、协调的计划，它们的出现大多是零敲碎打的产物，相关计划也要随着与周边地区关系的变化做出随机调整。从某种意义上说，这只是一种纯实用主义的殖民（colony），而非有理论支撑的殖民主义（colonialism）。[19]

---

[1] Guillermo Algaze，生于 1954 年，美国加利福尼亚大学人类学教授。

　　出现年代最晚的哈布巴·卡比拉古城，无疑反映了当时美索不达米亚南、北方国家间的制衡与协作。这座城市除了充当商站，用于购买诸如羊毛、燧石之类的原材料，交换各种手工业产品，比如从南方向北方出口纺织品以外，可能还是一块专属于那些工作、生活在北方的南方人的"飞地"。

　　种种证据显示，某些定居点也会与周边区域发生暴力冲突。布拉克土墩的那座乌鲁克风格的神庙，是否就是通过暴力手段强加给当地人的呢，或者神庙开工以前，双方曾经进行过宗教领域的谈判和妥协？唯一能够确定的是，公元前 3100 年前后，这些殖民定居点都被废弃了。发生这种情况的原因，可能是因为气候的变化，也可能是因为他们与周边区域的关系发生了恶化，双方曾经紧密的经济联系逐渐变得疏远。

　　生存环境发生改变以后，类似哈布巴·卡比拉这样的城市，似乎只是被单纯地丢弃了。曾经生活在那里的定居者并没有破坏城市设施，他们默默地收拾行囊，可能沿河而下，回到了南方淤积平原正在蓬勃兴起的大小城镇。

　　气候变化对美索不达米亚南部地区城镇建设同样发挥着重要的作用。这方面的历史可以追溯到杰姆代特奈斯尔文化期（公元前 3100—前 2900 年）。恰恰是在这个时期，古城乌鲁克的情况也发生了某些变化。原先位于埃安娜神庙区域以内的建筑遭到拆除，代之以一座用砖坯砌成的巨型地基。虽然考古学家只能找到曾经矗立在地基上的部分建筑遗迹，但这些遗迹依旧能够证明，后来出现在这里的建筑与原先的建筑相比，存在明显的风格差异。

乌鲁克城邦无疑存在过一个连续性的治理体系，正如之前谈到的那样，恰恰是在这个时间段，原始楔形文字以这里为中心逐步传播到整个淤积平原。政治、经济和社会的一体化加强了文化观念上的一体化和认同感，就连出现在各类政府文件上的椭圆形印章图案，对此也有所体现。例如，杰姆代特奈斯尔文化期和之后的乌鲁克王朝时期出现的那些"城邦印章"（city seals）。

"城邦印章"以多个象形文字互相连缀构成图案的方式，罗列自己所管辖地区的名称，包括埃利都、乌尔、拉尔萨、乌鲁克、比斯马亚和尼普尔等重要城市。类似这样的排列组合，体现的应该是一幅由河道串联而成的城市网络。"城邦印章"的用途，可能是高级官员或祭司向那些最尊贵的神灵奉献祭品时的收支凭证。[20]

在椭圆形印章和石头浮雕（包括乌鲁克风格的花瓶）的表面，雕刻剃了光头、身穿短裙或留着卷曲长发的男性图案，也是一种非常悠久的传统。这一类型的男性形象可以出现在祭祀仪式当中，也可以出现在沼泽湿地的狩猎场上，还可能是某些刑罚的监督执行者，当代学者习惯性地将他们称为"祭司王"（priest-king）。"祭司王"的形象通常被刻画得并不出众，他们经常混迹于诸多城邦高层人士当中，而非茕茕孑立。

大英博物馆目前收藏了一件名为"布劳纪念碑"（Blau Monument）的文物。纪念碑的具体出土地点已经无法确定，它由两块雕刻了图案和原始楔形文字的石头组成，看起来似乎是一对。经过辨识和破译，其中一块石头上的铭文谈到了一处牧场、一个地点和一个人；另一块石头上的铭文则罗列了很多商品的名称。[21]

石头上的图案采用的是浅浮雕手法，刻画的是几个正在交谈的人，他们可能是在参加交易完成后的庆功宴。或许我们可以将"布劳纪念碑"理解为某份加盖了椭圆形印章的泥板文书的石头复制品，它的存在说明了当时的人如何将一份普通的账本升级为正式生效且永久保存的法律文件。

早王朝时期（公元前 2900—前 2350 年）

进入早王朝之后，虽然偶尔还在石头浮雕里露个脸，但作为装饰图案的"祭司王"形象几乎已经销声匿迹。从那以后，他们的故事还是更多地以文字的方式出现在各类铭文当中。

代表性的例子是 1958 年纽约大都会艺术博物馆（Metropolitan Museum of Art in New York）收藏的一件小型石碑。石碑的四面都装饰着浮雕，其中相邻的两面分别雕刻了男祭司乌舒姆伽勒

（Ushumgal）和他女儿的形象。两个浮雕人物的大小相同，他们在一座建筑的门外相遇。石碑上的铭文记录了一次包括 3 块田地、3 间房屋，以及若干牲畜的交易。石碑的四周还装饰有几个稍小一些的人形图案，根据配套的说明文字，推断出他们可能是交易的参与者和见证人。

建筑内部靠近门道的地方，有一个被称为“peg”（苏美尔语的说法是 kag）的圆锥形路标。铭文显示，它所指向的墙壁后面正在举行某种仪式，举行仪式的目的是确认财物交易的合法性。由于铭文太过古朴晦涩，我们已经无法弄清举行仪式的乌舒姆伽勒到底是买了什么东西，还是卖了什么东西，抑或是打算向神献祭什么东西。

此时，各个城市的行政运转仍然依赖可以追溯到公元前 4000 年的书记官传承体系。尽管他们使用的文字中很少出现表意符号，但我们还是无法确定这些铭文实际记录的到底是哪种语言。乌尔遗址出土的泥板文书显示，公元前 2800 年前后，当地居民使用的语言，在语法、语义方面都有了明显进步。[22] 直到这时，我们才可以明确无误地下结论说，他们说的是苏美尔语，尤其是在人名姓氏的拼写方面，更是如此。

公元前 3000 年前期，苏美尔人定居点的总数在减少，可是单个定居点的规模却在不断扩大，人们纷纷涌向大城市。最终，20 多个城邦脱颖而出，他们瓜分了美索不达米亚南部地区，互相之间也在为捍卫自己的资源和势力范围不断爆发冲突。

　　到了公元前 2500 年前后，铭文记载中指名道姓，出现了具体的王朝统治者。这些统治者去世后，还会让儿子继承手中的权力。由于大量湿地面临干涸的危险，人们进一步涌入城市谋生。不过总的来说，当时的苏美尔世界，水资源仍然相当丰沛。石头牌匾、浮雕，以及椭圆形印章上总会出现人们驾着小船，在两岸芦苇茂密的河道中航行的场景。献给神庙的祭品往往也包含各种鱼类和河鲜。那些季节性洪水淹不到的地方，随处可见棕榈林、田园和建筑，还有成群的牲畜，满是庄稼的田地，芦苇等湿地作物生长得郁郁葱葱。

图 41　乌舒姆伽勒石碑，出土地点未知，完成于公元前 2800 年前后

公元前 3000 年中期，书记官使用的文字在楔形文字的基础上得到了进一步发展，与从前相比，更能体现苏美尔语的特点。文字的适用范围不再局限于政府文件、法律文书和辞书，也可以被用于诗歌创作，此类诗歌的内容以神话故事为主。在舒鲁帕克[1]和阿布萨拉比赫两处遗址都发现了年代可以追溯到公元前 2600 年前后的文献。遗址中出土的很多文献，内容晦涩难懂，多数还是孤本，不过其中的两件却属于此前作品的复制版本，一份名为《舒鲁帕克箴言书》(Instructions of Shuruppak)，另一份名为《基什神庙赞美诗集》(Kesh Temple Hymn)。

这些早期苏美尔文学作品都不太容易读懂，因为它们只是一份简略的提纲，更多的内容则通过口传心授，保存在阅读者的记忆里。正是由于这样的原因，它们的行文也不怎么讲究语法规则。文本中楔形文字的排列规律，遵循的主要是美学，而非语言学标准。

曾经生活在美索不达米亚南部淤积平原上的居民，虽然半数以上说的可能都是苏美尔语，当地的文字体系相比北方也更加发达，然而这并不意味着那里的人只说苏美尔语这一种语言。正如我们看到的那样，来自阿布萨拉比赫的政府文献，部分使用了闪米特语，当地半数以上的书记官都有闪米特语的名字。同时期出现在舒鲁帕

---

[1] ancient Shuruppak/Fara，苏美尔王表记载中王权降临的第 5 座城市。

克的文献中也会经常冒出闪米特语的名字。

由此可见，曾经的苏美尔世界，或者说至少北方的苏美尔世界，其实是一个双语的世界。生活在那里的书记官，即便本身不说苏美尔语，也要学习用这种语言进行书写。因为那时的苏美尔语，经过一代又一代书记官的薪火相传，已经成了官方文件和文学创作的通用语言。

神的庙宇

那些流传下来的最古老的神话能够让后人有机会管窥生活在那个时代的苏美尔人与他们的神之间的关系。目前来看，人对神的义务包括为身份各异的神修建住所（苏美尔语中"e"这个词可以同时指代房子和神庙），同时还要为神的餐桌提供从牺牲到普通农产品在内的各类供品，后者主要来自那些所属神庙的田地。

作为回报，神要为人带来庇护，保佑他们获得丰收。按照《基什神庙赞美诗集》（Kesh Temple Hymn）的记载，神乐奏响，祭司们开始仪式前，国王还要负责扮演一个重要角色：

神庙，伟大的圣地，直达天庭，伟大的真神所在，直达天庭！……神庙，你的祭坛上连九霄，你的基石下达酒泉[1]，你的雨露泽被万邦！

安神奠基的神庙，恩利尔的法力加持，女神宁图德[2]的智慧留存其中！基什的神庙，万古长青！世上还有什么地方能和它相提并论呢？

神庙中，国王将若干石碗放在指定位置。贤明的王的祭司[3]……手持牵引绳索的祭司指挥众人；……带来了……水。……在神庙居中而坐；恩库[4]的祭司们鞠躬致敬……帕舍什[5]的祭司敲响皮鼓，他们放声歌唱，放声歌唱。号角咆哮，鼓声隆隆，神的歌者奏响阿拉鼓[6]，甜美地为他而鸣。

神庙不朽，神性永恒！ 23

身为统治者，有责任为他的神建造一座庙宇，时间越是往后推移，泥板文书和其他石刻铭文中对此的记载也就越多。较早的例子是特洛遗址出土的一块牌匾，牌匾上的浮雕刻画的是拉格什王朝的

---

[1] 原文为 abzu，这个词来自苏美尔语，直译为"深处的水"。
[2] Nintud，苏美尔神话中的创造女神。
[3] en priest，苏美尔国王一般自称为"en"或"ensi"。
[4] enkum，参考英文材料，应该是苏美尔传说中的一位神，具体身份不详。
[5] pashesh，苏美尔传说中的一位神，具体身份不详。
[6] ala drum，苏美尔人的一种乐器，类似中国的大鼓，通常由两个人配合演奏。

国王乌尔南塞（Ur-Nanshe，公元前 2500 年前后）。国王的形象在石板上被描绘为一左一右四目相对的两个侧面像，他们比周围的其他人物都高，采用这样的艺术手法，是为了显示国王尊贵的地位。

整个画面的上半部分，乌尔南塞身穿传统的祭司专用簇绒短裙，头上顶着一筐土，这筐土就是修建神庙的第一块砖坯所用的原材料。与画面配套的楔形文字铭文的大致内容是：

乌尔南塞，拉格什的王，古尼杜（Gunidu）的儿子，古尔萨（Gursar）的孙子，他修建了宁吉尔苏神庙，修建了南舍[1]神庙，修建了阿布祖班达[2]神庙。24

上层画面中，与国王相视而望的，或许是他的妻子和儿子们，他们的身份可以通过刻在簇绒短裙部位的铭文判断。下层画面中，国王端坐在那里，正在为神庙的顺利竣工举办庆功宴。

整块石板的正中有一个窟窿，这说明它原先可能是一幅挂在墙上的装饰画。石板雕刻完成后，便被悬挂在神庙内部的墙壁上，普通人很少有机会能看到它。苏美尔人的神庙空间非常小，因此也就不会像现在的基督教堂、清真寺和其他寺庙那样，敞开大门，实行

---

［1］　Nanshe，苏美尔神话中掌管渔业的女神。
［2］　abzubanda，苏美尔传说中的一位神，具体身份不详。

会众制。能够获准进入神庙的只有各路神灵，再就是历代国王。后者或许是在修缮神庙的过程中，发现了前辈留下的这幅装饰画。

　　苏美尔人如何举行神庙修建仪式的最重要信息来自特洛遗址出土的著名的古地亚椭圆形印章。它们的问世年代相对要晚一些，大概在公元前 2150 年前后。通过这些印章，我们得知古地亚国王是在梦中得到了宁吉尔苏本人的神谕，这才下令修建了宁吉尔苏神庙。

图 42　乌尔南塞时代的石头牌匾，出土自伊拉克特洛遗址，完成于公元前 2500 年前后

古地亚国王将自己描述为神庙的实际建造者，在神的帮助下，他使用泥瓦匠的绳子和橛子大致确定了建筑的轮廓[1]，然后头顶大筐（里面装着制作砖坯的泥土），就像戴着神圣的王冠一样，为神庙奠定地基，筑起墙壁，还开辟了一片广场，依靠绳索确保每块砖坯的平直[2]。25

在修建神庙地基的过程中，国王亲手钉下了造型各异的楔子：

> 国王建造了神庙，将它修得很高大，高得如同大山。那些深达酒泉的楔子，那些巨大的桩橛，他将它们钉入地下如此之深，甚至可以和安居地下水府（E-engura /House of the subterranean waters）的恩基神直接交谈。他将高达云霄的桩橛钉在神庙周围。它们看起来，如同站岗的武士屹立在神的圣殿，享受神的恩泽雨露。他亲手钉下了恩尼努神庙[3]的巨型桩橛，它们的形象酷似祈祷的祭司。26

这篇文字中，神庙奠基用的楔子明显跟恩基神，以及他所栖身

---

[1]　这种方法在现代施工中仍在使用，被称为"放线"。
[2]　泥瓦匠砌墙时，通常会按平行和垂直两个方向，拉两条细线，以这两条细线为参照，保证墙不会砌歪。
[3]　Eninnu，指前文所说的宁吉尔苏神庙，神庙位于恩尼努，修建于公元前22世纪。

的淡水地下海扯上了关系。由于这层关系，神庙也就直接和神的智慧发生了关联，成为了创造力的源泉。除此之外，用于神庙施工的楔子还被比喻为巨大的桩橛，它们的作用是保证神庙平稳地漂浮在地下海之上。毋庸置疑，苏美尔人想象中的世界，应该是一只漂在海上的巨型木筏。

特洛遗址出土了文中提到的楔子实物。它们采用铜合金材质，被铸造为各色动物、人物形象与一根尖角相互融合的造型，比如一位神仙的手里握着一根尖角，或者一根尖角的顶部横卧着一头公牛等。这样的造型，不禁让人想起前面提到的乌尔南塞国王浮雕石板中身穿百褶短裙、头上顶着一筐土、金鸡独立的男性造型。

神庙奠基用的楔子，通常被安放在神庙砖坯墙壁被埋在土层以下的位置。跟楔子配套的还有一块带铭文的泥板，铭文刻的一般是这座神庙主神的名字和下令修建这座神庙的国王的名字。

为诸神而战

修建神庙无疑只是统治者责任中的一项，他们的另一项责任是确保自己国家的安全。乌尔南塞的继任者，恩纳图姆国王（Eannatum）执政时期（公元前 2400 年前后），曾在特洛城竖立过一座石头纪念碑。纪念碑的纹饰中，国王的形象大多被刻画为披坚执锐的武士。

这件名为"胜利石板残片"（Stele of the Vultures）的文物，可以依靠自身结构独自站立，原先可能是被安放在吉尔苏的宁吉尔苏神庙周围的空地上，因此或许要比之前提到的乌尔南塞石头牌匾更具公开性。这块石板上的铭文也是关于美索不达米亚早期历史事件的最早记录。[27]

石板铭文记载的是拉格什城邦与相邻城邦乌玛之间爆发的一场领土争端。故事内容包括双方矛盾的爆发，早期协议的达成，以及基什王的介入调停。乌玛的统治者最终没能信守承诺，向拉格什支付用于租借和开垦某处耕地的费用，双方因此撕毁协议。受命于拉格什诸神的恩纳图姆国王在梦中得到战神宁吉尔苏的神谕，知道自己在这场战争中必定能够取得胜利。拉格什由此向乌玛宣战，夺回了存在争议的土地。敌军的尸体堆积如山，足足埋葬了20个大坟头。根据石板铭文冗长的描述，乌玛国王以神圣"战网"[1]的名义发誓说，自己将会尊重两个城邦间的既定边界，同时承担相应的责任。

值得注意的是，石板上的4组浮雕应该与铭文存在呼应关系。画面的最上部是恩纳图姆国王率领士兵投入战斗的场景。国王左肩

---

［1］ battle net，古代苏美尔的一种兵器，原理类似于现在的网绳枪。这里是说战神宁吉尔苏手里拖着一张战网，网里装着很多俘虏。

图 43 恩纳图姆石头牌匾，也就是所谓的胜利纪念碑，出土自伊拉克特洛遗址，完成于公元前 2400 年前后

斜披宽大的羊毛长袍，长袍的下摆一直垂到膝盖部位。头盔的下面，露出国王卷曲的头发，用一根带子在脑后束成发髻。国王的身后，手持长矛的士兵排成整齐的行列，手持盾牌，兵锋前指。画面的下部，士兵转而将长矛扛在了肩头，这说明战斗已经结束。现在的恩纳图姆国王站在一辆战车上，抬起右手，手里拿的可能是一支巨型长矛。石板最下面的残存部分，描绘了战斗结束后的其他相关事件，

比如在巨大的坟丘中掩埋死者，或许还包括作为庆功宴一部分的祭祀仪式。总的来说，"胜利石板残片"与几乎同时期的"乌尔军旗"，在题材和风格方面都存在很大的相似性。

"胜利石板残片"的正、反两面都有浮雕，石板背面，与恩纳图姆国王胜利场景相对应的，是战神宁吉尔苏的形象。战神被刻画为一位留着胡子的彪形大汉，画面中的他手持大棒，正在击打敌人的头部，他的身后还拖着一张大网，网里装满俘虏。应该可以肯定，战神手中的那张大网，就是苏美尔神话中"能够克制强敌的神奇之网"。战败的乌玛国王被迫发誓时所说的"战网"，指的应该就是它。

这幅画面象征性地告诉世人，那些撕毁协议、违背誓言的人，曾经遭遇过什么，将来可能还会遭遇什么——战神宁吉尔苏将借助受命于自己的国王，惩罚背信弃义者。

劳动者的家

神和国王的家，是那些神庙和宫殿，从 19 世纪到 20 世纪最初的几个十年里，它们始终受到考古学家的高度关注。后者竭力从这些古代建筑的遗迹当中搜寻泥板文书，希望借助上面的文献记载，复原那些古代城邦的历史，同时也是为博物馆搜罗充门面的顶级藏品。

考古学家掌握的证据表明，曾经有数量可观的普通劳动者，通过依附神庙或宫廷的方式谋生。诸如神庙、宫廷之类的机构，从某种意义上说，就像是一个大家庭，需要大量劳动力为它提供支持。

如果说神庙和宫殿代表了古代美索不达米亚最大、最核心的社会单元，那么以家庭为代表的最小社会单元，才真正称得上是普通百姓日常生活的载体。这些原子般的普通家庭，成员可能包括一对双亲和若干子孙，以及与之结成配偶的若干位妻子。一个大的家族，往往可以子子孙孙繁衍很多代。其中的某些成员，或许会羁留在自己当下的生活状态中，平稳地度过一生。某些则可能随着环境的变化，上演各自不同的悲欢离合。兵荒马乱的年代，生如浮萍的农村居民可能会涌向城市，期盼城墙提供的庇护。太平丰收的年景，很多人则会带着希望，迁居郊区甚至乡村。这些最普通的生命对于维系一个社会的农业、工业，乃至其他环节的正常运转来说，至关重要。我们对于他们的了解，却经常好像"盲人摸象"。

在考古学领域，目前真正得到深入研究的普通苏美尔人的定居点，只有20世纪30年代由芝加哥大学在迪亚拉河沿岸主持发掘的那些小城遗址。这些小城中的住所可谓密如蜂窝，拥挤异常，因为城市房屋的空间，必须受制于它所在土墩的高度和城墙周长等因素，还需要为农耕活动预留足够的土地。如此简约的房屋规划模式当然也有它的好处，比如可以借助周围墙壁的遮挡，让室内保持冬暖夏凉。

每座小城的情况不同，城中的房屋布局也会有所区别。这样的区别，大概取决于城内居民的人际关系，也可能取决于他们所属的不同社会机构的相关决策。多数居民的房屋都很狭小，面积在 50—250 平方米。房屋内部的格局，也会随时光流逝不断发生变化。每家的父亲去世后，兄弟们经常会在住所内部打隔断，分家另过。因此，小城中那些最大的寓所，代表的往往是一个大型家族拥有的财富，而非简单的小家庭。

参观这样的民居遗址，比如一处位于阿斯马土墩的民居遗址，究竟可以从中获得哪些信息呢？

这些住所大多会沿着一条狭窄的小路修建，路面的宽度一般不会超过 1 米，路两侧的房屋密如蜂窝，每栋房子的砖坯墙壁左右相连，仿佛是沿着这条路砌了两堵墙。公共空间在这样的城市中显得无足轻重，或者也可能是异常珍贵。

每栋房子只有一段很窄的门道（门道的长度一般为 45—150 厘米，宽度一般为 18—60 厘米），[28] 木质的门扇装在垂直的石头或砖头门框上。无论是住所内部的屋门，还是房子最外面的大门，采用的都是相同的结构。房子的核心是一座大厅或天井，一个个房间环列在周围。想从街上进入房间的人，必须先经过前厅。因此整座住所显得非常内向，私密性很强。

天井属于家庭成员的共享空间，面积最大也只有 7 平方米，在采光和换气方面，对周围的房间却至关重要。设计天井的目的，主要是避免房间内部昼夜温差过大。夜幕降临以后，白天被太阳照射了整整一天的热空气就会填满天井和周围的房屋。到了白天，天井中的热空气上升，则会带来凉爽的微风。每天最热的时间段，墙壁提供的阴凉，也可以起到相似的效果。

房屋内部的门都很窄小，安装门扇的位置大多在墙壁的一角，而非正中。它们的主要用处，可能是在夏季隔绝热空气和灰尘，同时还可以在冬季保持室内温度。闭塞的内部空间意味着，生活在这些住所中的人，需要把很多活动，比如纺线织布，安排在天井中进行。住所的房间里有小型的开放性壁炉用于日常烹饪，鉴于伊拉克南部冬季气候寒冷，它们同时也可能是居民的取暖设施。

住所中结构更精巧的烹饪设备当数面包烤炉。这些烤炉的结构与中东地区目前仍在使用的，被称为坦努斯[1]的面包烤炉大同小异，都是通过燃烧粪饼和芦苇供热。它们偶尔也可以被用来加工肉类和鱼类，但最主要的功能还是烘烤面包[2]。

不可思议的是，与阿斯马遗址相邻的卡法迦遗址当中，居民的

---

[1] tannurs，类似于新疆的馕坑。
[2] 原文为 flat wheat bread，直译为"扁平的小麦面包"，西方人最初吃的面包，就是一种类似于新疆烤馕的面饼。

房屋里却没有配套的烹饪和供暖设施。这或许是因为当地人大多归属于某座神庙，后者有义务为他们制作和提供食物。[29] 也可能那里的居民采取的是几户邻居共用一个炉子的办法。更有意思的是，早王朝临近尾声时，卡法迦的很多民居重新增设了烹饪和供暖设施。这或许说明当地居民此时需要自己动手，制作每天的伙食。

天井四周的房屋被分配给不同的家庭成员居住，同时还考虑到了男女有别的问题。每间房屋的宽度主要取决于房梁木材（杉木或柳木）的长度，一般在 1—5 米，因此面积都不会太大。面积更大的房间通常会拥有一个连接天井的椭圆形前厅，它的主要功能是充当会客室。

房间和天井的地下部分，是这个家族的墓地（宫廷和神庙的人员则被安葬在专门的公共墓地）。[30] 这些长眠在自家地下的逝者有男有女。有些遗体外面裹着芦席，有些则被安放在棺材里。随同逝者下葬的，还有一些陶罐。曾经装在陶罐里的，可能是逝者的“上路饭”“上路酒”，也可能是为葬礼准备的其他祭品。[31]

当代人的居所通常都有配套的卫生间，但这并不意味着所有的房子都必须配备此类设施。苏美尔人住宅中的某些房间似乎兼具澡堂和厕所的功能，因为它们的地面用沥青和砖头做了防水处理。所谓的厕所，有些只是在地上简单地挖个坑，有些则会在坑里铺设砖头，坑的上面还要安装配套的陶瓷便盆和管道。如果住宅中没有厕所的话，主人可能会使用马桶方便，或者在屋子的某个角落解决问题。这样的做法无疑会导致传染病流行和婴儿的高死亡率。[32]

普通苏美尔人的家里几乎没什么家具。很可能拥有金银珠宝和其他财物，在当时是上层社会的特权。人类学的研究显示，普通苏美尔人家里的日常用品一般包括木质家具、厚毯子、地毯，还有以毛毯为原料制成的，躺在芦席上席地而眠时用的枕头。[33]

苏美尔的很多城市都有使用芦席的习惯。冬季，芦席可以铺在室内睡觉用。到了炎热的夏季，苏美尔人就可以直接把它们铺在露台上，躺在上面睡觉。当代社会的某些乡村地区，至今还会在庭院中修建睡觉用的露台。露台通常都要修得比地面高一些，目的是防范各类动物的侵扰。苏美尔人可能在房顶上修建过类似的设施，通过台阶或梯子与天井相连。这样的布局可以提供额外的起居和仓储空间。来自伊拉克南部的人类学研究成果显示，类似这样的做法，历史上非常普遍。直到今天，每年夏天当地居民还是习惯在房顶上睡觉。

借助人类学和考古学互相结合的方法，研究来自古代的现实文物，以及那些保存在现代社会中的非物质文化遗产，是一种重构历史的有效途径，对我们了解普通苏美尔人生活中的某些层面，具有重要意义。自20世纪70年代开始，人们对苏美尔普通民众的生活越来越有兴趣。随着考古技术的不断进步，研究苏美尔人日常生活的想法已经成为可能。最新的考古技术可以帮助我们研究那些更不易保存的设施和物品，比如以芦苇为原材料修造的屋舍，用芦苇编织的篮子和席子等。

1968—1990 年，大都会艺术博物馆和纽约大学美术研究所（Institute of Fine Arts of New York University）组成的联合科考队在拉格什古城开展的考古行动，称得上是人类学和考古学跨学科应用的一次经典范例。

拉格什古城在整个伊拉克南部地区，即便不是最大的，也是最大的古代遗址之一。科考队仅仅发掘了这片遗址的部分区域，结果却让一座早王朝的古城重见天日。这座古城当时是王朝的首都，包含吉尔苏和色古尔（Surghul/Nina）两座以神庙为核心的小城。调查显示，其中的一座神庙下辖一个酿造厂，专门负责酿造举行祭祀仪式时，献给战神宁吉尔苏的啤酒。同时被找到的还有一个涵盖多种手艺的工厂，它的经营范围涵盖冶金、毛纺、芦苇编织等多个行业，甚至还可能包括书记官培训。

这些古代遗迹被找到后，一个新的问题随之而来——曾经就职于这些工厂的工人，以及周围田野和沼泽地里的普通人，过的到底是怎样一种生活？

令爱德华·奥克森施拉格[1]感到震惊的是,考古发掘证明,今天生活在那里的人们与公元前 3000 年生活在那里的人们相比,他们维持正常生活所依赖的各种自然资源具有高度相似性。提出这个观点以后,更多的问题随之而来,比如,二者在使用和加工这些资源方面,是否同样具有相似性?

爱德华·奥克森施拉格将自己的研究重点集中于黏土、芦苇、木材、沥青、牛羊等几个门类,最终得出结论认为:

> 充分的证据说明,古代苏美尔人的很多生活印记,都可以在当代美索不达米亚的乡间找到影子。[34]

当然,探讨这个课题的先决条件是明确区分城市和农村,因为城乡两种空间中的生活方式往往存在很大的差异性。问题在于,那些通过考古发掘重建天日的遗迹通常很难被明确认定为城市或农村。这种情况在现代工业化以前的世界,曾经长期存在。有鉴于此,爱德华·奥克森施拉格的研究也就显得更有意义。

---

[1] Edward Ochsenschlager,美国布鲁克林大学历史学教授。

卢伽尔扎格西与阿卡德王朝历代国王（公元前 2340—前 2150 年）

城邦间的冲突可能会在苏美尔人的生活中反复出现，由于相关信息主要来自王室编纂的史料和其他艺术作品——这么做的目的是强调这些冲突在王室生活中发生的作用，因此我们无从得知它们在更广阔的社会范围内产生的影响。

暂时的同盟关系和武力吞并都有可能促进大型王朝的诞生。这方面的杰出代表，非乌玛王朝的缔造者，卢伽尔扎格西国王莫数。公元前 2340 年前后，他打败了拉格什王朝（两个城邦间的冲突持续了一个多世纪）。同时统治乌尔和乌鲁克两大城邦的资本，让他得以在古代苏美尔的文献（包含此类内容的泥板文书碎片在尼普尔遗址发现了好几百件）中，将自己加封为主神恩利尔指定的"祖国之主"（ruler of the homeland/kalam）。[35]

卢伽尔扎格西声称，所有苏美尔的藩属国（ki-en-gi），乃至其他国家的统治者，都必须向坐镇乌鲁克的他纳贡称臣。古代苏美尔的疆域到底有多大，是个说不清楚的问题。出自卢伽尔扎格西在位时期的文献提到了乌尔、拉尔萨、乌玛、扎巴拉姆[1]和尼普尔等地。

----

[1]　Zabalam，苏美尔古城，位于今伊拉克济加尔省。

这之前大概一个世纪，恩纳图姆国王当政时期，"ki-en-gi"这个词便开始出现在某些王室文献中。当时，它的指代范围包括美索不达米亚低海拔地区的众多沼泽和平原，有时也可以涵盖后来所说的"祖国"。

卢伽尔扎格西国王的权力随后受到阿卡德王朝萨尔贡大帝（公元前2334—前2284年在位）的挑战，二者的王权更迭起初被解读为苏美尔人和闪米特人（阿卡德人）之间的种族冲突。然而正如我们看到的那样，类似这样的观念现在必须摒弃。事实上，卢伽尔扎格西国王的失败，对当时的人而言，可能仅仅是一次普通的权力变更，是强者打败了弱者。

萨尔贡大帝努力尝试统一美索不达米亚南部地区，将自己的势力范围拓展到淤积平原以外的区域，建立了大一统的王朝。他通过加强政治、政府和宗教体系的方式，维护自己的统治。很多被征服的城邦国王，由此沦为了省长级的地方官员。考古学家至今还没有找到萨尔贡大帝王都阿卡德城的具体方位，不过几乎可以确定，这座古城曾经矗立在底格里斯河与迪亚拉河的交汇处，这两条大河可以为萨尔贡大帝从伊朗带来大量金属和石材。

在这个王朝的南部，萨尔贡大帝牢牢控制着乌尔城。这也就意味着他掐住了波斯湾商道的咽喉，进而还可以和印度洋方向建立联系。借助一篇铭文，萨尔贡大帝告诉后人，来自迪尔穆恩（今巴林）、麦格纳（今阿曼及伊朗波斯湾沿岸）和麦鲁哈（今印度河流域）的船只，曾经云集阿卡德王朝的海港。

这些船只不仅为美索不达米亚带来了远方的物产，随它们一起来到这里的，还有人口、语言和风俗习惯。其中最容易携带的异域物品，就是那些风格独特的小型印章，印章上雕刻着生活在南亚故土的各类动物，比如老虎、大象、野牛等，它们的形象都属于印度河流域出土印章的常见题材。

正是因为充分认识到乌尔城的重要性，萨尔贡大帝才将自己的女儿任命为当地月神南纳神庙的最高女祭司。可能恰恰是在这个时期，她得到了苏美尔语雅号——恩赫杜安娜，也就是"女祭司，天国瑰宝"的意思。虽然此时的王室文献仍旧用苏美尔语撰写，阿卡德语的使用频率却日渐增多。据一份出自阿卡德王朝时期的孤本文献显示，此时阿卡德语和苏美尔语在楔形文字的表述方面，已经逐渐出现细微的差别。[36] 这也是"苏美尔语"这个概念首次在历史上出现。

公元前 2254—前 2218 年，纳拉姆辛国王[1]当政期间，阿卡德王朝达到鼎盛时期。他下令规范并简化了阿卡德语的书写规则，从而让这种语言更加通俗易懂。纳拉姆辛国王声称自己"泽被四方"

---

[1]　Naram-Sin，萨尔贡大帝的孙子。

（Four Quarters），统治着全天下的土地。事实上，这位国王的势力范围，向北最远只能到土耳其南部的托罗斯山（Taurus）和阿玛努斯山（Amanus），以及叙利亚的平原地区，他在那里修建了一座名为"布拉克"的行宫。除此之外，纳拉姆辛国王还可以通过海路控制阿曼半岛。有感于纳拉姆辛国王的丰功伟绩，阿卡德城的老百姓为他修建了一座神庙，还尊奉他为这座城市的守护神。

阿卡德王朝历代国王执政期间，这个国家战乱频仍，政府既需要不断镇压此起彼伏的国内起义，同时还需要防备来自外部的威胁。考古史上的一件重要文物，活灵活现地为人们再现了这段历史，它就是所谓的"纳拉姆辛石板"（Naram-Sin stele）。

这件石灰岩纪念碑（保存下来的残件大约2米高）原先矗立在古城西帕尔（Sippar），也就是神圣的太阳神之城当中，浮雕画面讲述的是一次剑指美索不达米亚东部扎格罗斯山脉（Zagros Mountains）的远征。画面的核心位置，自然是纳拉姆辛国王本人，他比周围的人物都高，装饰了牛角的头盔，意在暗示他的身份是神，而不是人。

传统古代美索不达米亚文化中的同类题材作品，一般会把画面分为几个区域，这件浮雕却采用了统一画面的模式。画面中，阿卡德的士兵和敌军的士兵不约而同地仰视着这位国王，他们正在攀登一条非常陡峭、明显是临时搭建的木头栈道。国王的右脚踩着两名浑身赤裸的敌军士兵，他们的下方，还有一名士兵已经落入万丈深渊。

这三名士兵以及他们的同伴，象征性地代表了被纳拉姆辛国王打败的敌人。后者打败他们，并非借助实际的行动，而是通过他手中能够执掌生杀大权的神力。画面中的国王，雄踞山峰的最高处，他头上的点点繁星代表了俯视人间的诸神。

后世当政的国王自然而然会借鉴这样的艺术表现手法，书记官们奉命炮制出众多文学作品，将阿卡德王朝的历代国王安插进各式各样的神话、传奇和民间传说当中。故事中的他们，要么被无限美化，要么就是被无限丑化。这样一来，阿卡德王朝的历史在美索不达米亚的这片土地上也就从不会被人们遗忘，当地的很多故事甚至流传到了近东地区。[37]

话说回来，这些故事究竟包含了多少历史真实性，实在是个未知数。很多时候，回顾历史是一件非常重要的事情，然而"向后看"的最终目的，却不是搞清此前究竟发生过什么。事实上，仅凭那些来自古代美索不达米亚的出土文献，我们也很难获得太多的历史信息：

神话传说讲述的并非是那些历史上的帝王将相到底做过什么，而是讲故事的人觉得他们应该扮演什么样的角色。这样做

图 44　纳拉姆辛石板，出土自伊朗苏萨地区

的最终目的，其实是希望对当下的生活产生某种影响。[38]

在重构历史的过程中，使用这些靠不住的史料无疑存在很多的不确定性。从某种意义上说，它们的真实性，并不比出自恩赫杜安娜之手的那些诗歌强多少。

后世的美索不达米亚传说将阿卡德王朝的覆灭归结为古提人的入侵。古提人原本生活在东边的扎格罗斯山脉，鉴于纳拉姆辛国王的种种错误言行，比如亵渎位于尼普尔的神庙等，作为来自神的惩罚，主神恩利尔指派他们入侵美索不达米亚。

历史上的实际情况可能远比神话传说复杂得多。当身在东部山区的那些部族首领们挥师横扫位于南部淤积平原的大小城邦时，古提人或许已经在苏美尔人的土地上生息繁衍了好几代，成了这个多民族群体中的一分子。随着阿卡德王朝的日薄西山，古提人的首领逐渐掌握了淤积平原核心区域几座城邦的控制权（包括阿达卜和乌玛），同时声称自己才是阿卡德王朝的"真正传人"。

与此同时，阿卡德王朝真正传人的势力范围则被慢慢压缩到了底格里斯河和迪亚拉河交汇处的周边地区。当时的情况可能真的是一团糟，以至于苏美尔王表上出现了这样的文字："那么，谁才是真正的国王？！谁是真正的国王？！"

苏美尔以东

长期以来，学术界和普通民众不约而同地认定，苏美尔人是整个中东地区各种文化形式演化的总根源。然而正如我们看到的那样，最近数十年间的考古发掘行动和古代文献研究已经开始质疑这样的思维定式了。

就目前的认识来看，有必要将美索不达米亚的文明演化过程放在一个更复杂、更漫长，且更具变化性的历史背景当中进行审视。此外，还必须考虑到这种文明与周边地区文明的交流互促。要想搞清这个问题，首先要厘清生活在两河流域的居民，与同时期生活在美索不达米亚东边、伊朗和阿富汗等地的居民，以及向南跨越波斯湾，直到印度河流域等地居民的交往历史。特别是要梳理公元前3世纪后期，这几者之间的关系。

伊朗高原与美索不达米亚平原最大的不同之处就是拥有更丰富的自然资源，比如石头、金属、木材等。但是，恶劣的环境意味着当地只有很少的区域适合人类居住。即便能够定居下来，他们的生活也会经常受到干扰。美索不达米亚的情况正好相反，资源有限，可是土地肥沃。要知道，土地才是人类赖以生存的最基本资源。更何况这些土地的面积非常广阔，交通也很方便。苏美尔人的历史，从某种意义上说，就是一部美索不达米亚的居民与伊朗高原上的居民，凭借各自拥有的资源，交流互动的历史。

这两个地区最明显的区别在于地形，美索不达米亚一马平川，伊朗高原则犹如拔地而起。两者的自然分界线就是扎格罗斯山脉。对于生活在平原上的居民来说，这片大山并非是一道能够保护自己的天然屏障，因为山中有很多条通道，可以保证双方的物资、牲畜和人员往来。

两地的居民在语言、宗教，乃至生产、生活方式，社会和政治结构方面，无疑都存在着天壤之别。伊朗高原出产的一种自然资源，对他们双方来说，却都具有同样重要的意义，那就是金属，尤其是铜。有别于根本不出产金属的美索不达米亚，伊朗高原拥有丰富的金属资源，特别是铜和各类含铜矿石。除此之外，当地还盛产白银和黄金。

正是在这个前提下，伊朗高原才孕育出大量的金属冶炼和锻造工艺。这让当地居民在周边范围内获得了巨大的政治和经济影响力。伊朗高原发明冶金技术的时间可以被确定是在公元前 5000 年前后，最早是冶炼砷铜合金，随后又升级为冶炼青铜合金。公元前 4000 年前后，他们的金属冶炼技术突飞猛进，不光可以炼铜，还可以生产其他金属。位于扎格罗斯山脉中部和南部的金属交易市场，能够同时满足本地区和周边地区的需要。市场上的金银锭和其他金属制品，比如简单的工具、武器和丧葬用品，则通过商路被输送到美索不达米亚南部。

图 45 伊拉克基什遗址出土的用玉髓、青金石、黄金、白银和水晶珠子穿成的项链，完成于公元前 2400 年前后

公元前 3100 年前后，随着那些乌尔风格的定居点在美索不达米亚北部销声匿迹，情况开始发生越来越大的改变。苏锡安那（Susiana），也就是位于苏美尔文化圈东部淤积平原的胡齐斯坦[1]逐

---

[1] Khuzestan，位于今伊朗境内，这个地方现在仍是中东最大的冶金中心。

渐尝试与伊朗高原发生更多的文化交流，甚至可能还包括更多的经济和政治交流。

在这样的背景下，苏萨地区使用的椭圆形印章逐渐摆脱乌鲁克风格的束缚，开始向扎格罗斯山脉流行的艺术品位靠拢，比如在印章上雕刻带角的神兽、猫科动物和蛇的图案等。自商路开通以来，伊朗高原和美索不达米亚间的物质、文化交流其实从未停止，只不过从这时起，诸如此类的交流似乎变得更紧密了，某种独特的文化风尚正在横扫整个伊朗高原。

大致是在公元前 3100—前 2900 年，伊朗高原上出现了一些带有美索不达米亚特征的定居点，定居点的居民使用器型独特的陶器，还创造了形态各异的印章和泥板文书。他们开创的文明形式，现在被称为原始埃兰文化。

在泥板上写字通常总被认为是美索不达米亚，尤其是乌鲁克的专利，不过伊朗高原其实也出现过类似的文字书写体系（二者甚至使用过相同的数字符号）。原始埃兰文字是伊朗高原第一套真正意义上的文字体系，它的诞生地就在苏萨地区——那里出土了大概1500 块泥板文书——使用范围随后以此为中心向周边扩散。[39]

原始埃兰文字的出现，纯粹是出于当地居民的记事需要，而非外界经济和政治因素的影响。这种文字所代表的语言，与随后出现的埃兰语曾被认为可能存在某种传承关系，然而在原始埃兰文字还没有得到破译的前提下，考古学家其实也无法证明这种关系的存在。这种文字真正被投入日常使用，可能只有不到1个世纪的时间。公元前2900年前后，原始埃兰文化逐渐消亡，这或许和同一时期内，伊朗高原文字演化活动的停止，存在某些关联。

从公元前3000年中期开始，苏美尔的王室文献中便出现了某些城邦的首领攻打一个叫"埃兰"（Elam）的地方的记载。同时期的苏美尔语还将这个地方描述为"nim"（"高"或"提升"的意思），阿卡德语则称它为"elûm"（"高"或"上"的意思）。[40] 苏美尔语文献中记载的埃兰地区——虽然并不是一个明确的政治范畴——通常指的就是苏萨地区和扎格罗斯山脉南部。攻打埃兰的主要目的，是掠夺当地的金属、石材和木材，同时也可能是猎捕那些男女奴隶。

王室文献关于埃兰的最早记载出自拉格什城邦的恩纳图姆纪念碑。纪念碑上的文字这样写道：

埃兰，那巍峨的高山，遭受兵火的惩罚，尸积如山。[41]

虽然连接埃兰的陆上通道能够为苏美尔人带来异域的石材，不过更多的货物应该还是通过海路运输的。基什和乌尔两处遗址古墓中出土的大量珠子，说明了当时贸易往来的频繁。

椭圆形的橙色玉髓珠子具有典型的哈拉帕文明[1]特征，应该出自印度河流域的工匠之手，也有可能是印度的工匠来到美索不达米亚以后就地取材的作品。某些珠子上还雕刻了白色的花纹，这也属于发源自印度河流域的典型工艺。当地的工匠习惯通过苏打水浸泡和火烧的方式，把石头漂白。（他们将这种工艺称为"蚀刻"），包括美索不达米亚南部在内的很多地方后来都掌握了这项技术。

和玉髓珠子配对使用的，大多是产自阿富汗的蓝色青金石。目前还没有任何考古发现可以证明，苏美尔人能够通过某种方式，直接去阿富汗购买这些青金石，更大的可能性应该是来自物物交换。

如果通往冥府的入口真的如苏美尔人所想象的那样，隐藏在美索不达米亚东边的大山里的话，那么逝者被葬入坟墓时佩戴这些珠子的目的，或许就是想在前往冥府的路上，用其充当"见面礼"。逝者的灵魂抵达冥府以后，会将这些石头和金属做成的饰品归还给它们现实的原产地，同时也是想象中的超自然世界。42

在古代苏美尔人的传说中，隐藏在东边大山里的那个神奇世界，可以被形象化为一只人脸牛身的神兽。乌尔的一处王室墓地出土的牌匾镶嵌画便描绘了这只神兽的样子。牌匾最初的作用是安装在一架作为陪葬品使用的巨型里尔琴上，充当装饰物。画面的上部，

---

[1]　harappan civilization，位于今巴基斯坦旁遮普省拉维河流域的古城遗址。

一位上身赤裸、腰间围着布裙的英雄，左右两手分别抓着一只这样的神兽。画面下部，描绘的则是宴会欢庆的场景，它所展示的可能是另一个世界，或许就是冥府中的一场盛宴。画面的最下方，出现了一位蝎形人。他在后来的古代美索不达米亚文学作品中，往往和远方的土地、大山，以及前往那里的通道相互关联。

苏美尔文明与美索不达米亚东边大山的联系，还体现在那些用绿泥石（chlorite）和块滑石（steatite）雕刻而成的华丽花瓶上。类似这样的花瓶，在苏美尔的神庙和宫殿遗址中出土过很多。至于花

图 46　刻有神话场景的绿泥石花瓶，出土地未知，完成于公元前 2500 年前后

瓶上雕刻的各种纹饰，取材范围则可以涵盖从波斯湾到中亚西部，乃至印度河流域的广阔范围。

花瓶上的多数纹饰题材，包括制作它们使用的石材，均来自伊朗高原。某些纹饰异常繁复，往往能够将美索不达米亚、伊朗高原和哈拉帕三地的人物和动物结合在一起。这说明早在公元前 3000 年，美索不达米亚文明与周边地区的文明便已存在频繁的交流。

这方面的典型代表可能是卡法迦出土的一只花瓶。瓶身前后对称，装饰了两幅男性双人浮雕，前后两幅浮雕的内容完全一样。浮雕刻画的两个人物都留着长长的发辫，身穿装饰了十字图案的短裙。其中的一个人，站在两只屁股相对而立的狮子身上，手里攥着两条张开大嘴、身带斑点的眼镜蛇。另一个人，手里攥着两股水流，而不是大蛇，站在两头屁股相对的野牛或瘤牛（zebu，这种动物在印度河流域的文化想象中很常见）身上。花瓶纹饰的第三部分刻画的是一头狮子和一只老鹰正在攻击一头倒地的母牛，还有两头熊正在从树上摘成熟的椰枣。

花瓶浮雕的含义现在已经无从得知。即便内容完全一样的图案，在它的原生地和输出地，也经常存在着完全不同的解读方式。

乌尔第三王朝时期（公元前 2110—前 2000 年）和苏美尔文明的衰亡

我们对"苏美尔"和"苏美尔人"这两个概念的理解，以古代美索不达米亚历史上的一个时间点为界，必然会发生很大的变化。这个时间点就是公元前 2150 年前后，阿卡德王朝灭亡后的一个半世纪。

阿卡德王朝灭亡后，美索不达米亚南部地区的各个城邦重新恢复到各自为政的状态。这其中就包括乌尔—巴乌国王（Ur-Bau）和他的儿子古地亚治下的拉格什、乌尔和乌鲁克。此时的苏美尔语，作为古代"祖国"的语言，历史悠久，同时还颇具王者风范，在这些城邦的政治地位显著提高，成了精英阶层专用的语言，仅供统治阶层豢养的书记官使用。苏美尔语中的"emegir"（书记官）这个词，可以被理解为"国家的舌头"（native tongue）或"贵族的舌头"（noble tongue）。[43]

史学界习惯性地将这个阶段称为"苏美尔复兴"，理由是此时各个城邦的统治者与军事化、闪米特化的阿卡德王朝正好相反，他们纷纷效仿那些古代苏美尔国王，虔诚地礼拜神庙。但是，如果我们能够摒弃，同时也必须摒弃这种以种族偏见和刻板印象为基础的思考方式，就会发现那个时代其实根本没有什么特定族群重新兴起，更没有什么此前受到压抑的文化得到了重生。真实的情况就是一种古老的文化传统演进到了一个新的阶段。

那个时代留下的建筑遗迹和文献，能够从一个全新的角度帮助我们了解美索不达米亚文明晚期，王权和知识的演化，同时还可以帮助我们重新审视对"苏美尔"和"苏美尔人"这两个概念的定义。

乌尔第三个王朝的兴起，起点是在乌鲁克的乌图·赫伽勒国王（Utu-hegal，公元前 2139—前 2129 年在位）身上。据说，就是他打败了那些觊觎苏美尔各城邦王权的古提人。乌图·赫伽勒国王阵亡后，乌尔纳姆国王取得了乌尔城邦的领导权，率军击溃了入侵的埃兰人，进而将自己的势力范围拓展到整个美索不达米亚南部地区。

乌尔纳姆国王宣扬自己文治武功的方式，就是在治下的各个城邦，修建数量可观的大型建筑。其中最著名的代表，非大庙塔（the great ziggurats）莫数。大庙塔落成后，被不同时期的美索不达米亚文明当作宗教场所，足足顶礼膜拜了 2000 年。

鼎盛时期，屹立在高大地基上的神庙，如同雨后春笋般地出现在尼普尔、乌鲁克和埃利都等地，这其中当然也包括乌尔。恰恰是这些较晚时期出现的建筑，开创了将神庙修建在高大地基上的先例。这么做的用意，可能是因为苏美尔神话传说中的神，大多栖身在东边的高山之巅。规模宏大、端庄整齐的庙塔，是乌尔纳姆国王当政时期的建筑典范。它们的出现，意味着国王手中拥有大批可供

图 47 修建于公元前 2100 年前后的乌尔庙塔，先后在公元前 6 世纪和 20 世纪 80 年代重修

调配的劳动力，还说明这个国家的中央政府和各级官僚系统具备高超的组织协调能力。

目前唯一传世的乌尔纳姆国王雕像，是一尊打算作为镇物埋在神庙地基底下的小型雕像。这尊雕像的出土，进一步强化了史学界将乌尔纳姆国王视为一位虔诚国王的看法。雕像刻画的乌尔纳姆国王，头上顶着一筐用于制作神庙砖坯的泥土。考古学家此前在尼普尔已经发现过类似的国王全身像，不过出土的多数同类文物大多会把雕像的下半身简化为一个楔子造型。这种艺术形式的起源可以追溯到早王朝时期，后来作为王室奠基雕像的标准器型，被沿用了好几百年。

正是在乌尔纳姆国王当政时期，出现了"苏美尔和阿卡德的王"这个头衔。将这两个概念连缀使用的目的，似乎是意在说明，此前由尼普尔以北的阿卡德人和尼普尔以南的苏美尔人共同瓜分的淤积平原，现在已被置于王权的统一掌控之下。鉴于美索不达米亚南部的主要流行语言是苏美尔语，北方则是闪米特语，这个头衔的诞生，可能还存在一定的语言学背景。

到了乌尔第三王朝时期，类似这样的语言学划分已经没有那么明显，因为苏美尔语早就成了一种"死亡的语言"，而非日常生活中实际使用的语言。[44] 随着最后一代苏美尔土著的日渐凋零，阿卡德语逐渐将其取而代之。通常来说，语言的消亡总要同时伴随文化的吸收和同化，这样的事，历史上并不鲜见。当今世界，随着全球化的加剧，类似这样的情况，甚至还有愈演愈烈的趋势。

虽然此时的苏美尔语已经不再是一种日常生活中能够在街头听到的语言，但一代又一代的书记官，依然会在跨越 2000 年的漫长历史时期中，传承和使用这种语言。苏美尔语继续被他们用于创作文学作品，编纂辞书，乃至撰写祭祀仪式上的祭文（就像中世纪以后拉丁文作为权力和知识的代表，仍被宫廷和大学使用一样）。

公元前 3000 年晚期，很少有人实际使用苏美尔语的事实，在乌尔纳姆国王的儿子，同时也是王位继任者的舒尔吉（Shulgi，公元前 2094—前 2047 年在位）身上，就可以找到证明，他的母语是阿卡德语，[45] 虽然新国王在一段铭文中曾这样说道：

> 我的祖先是苏美尔人，我是一名武士，一名苏美尔的武士。[46]

舒尔吉是美索不达米亚南部地区的土著居民，因此从某种程度上说，他应该是苏美尔人。话虽如此，新国王的统治区域却远远超出了苏美尔文化圈的范围：

> 我是 4 个地方的王，我是那些"黑头人"[1] 的牧人和守护者。[47]

正是在这位国王当政时期，苏美尔语的词汇中出现了"黑头人"（sag-gig-ga）的说法，它的意思可以被理解为"黔首"，或者也可以更形象地被理解为"成群的牛羊"。无论如何，这个概念都不可能像某些现代学者所说的那样，专指苏美尔人。

这个地区曾经流行过的苏美尔语，现在被宫廷豢养的书记官专

---

［1］ black-headed people，指美索不达米亚的苏美尔土著。

门用于撰写铭文，再就是创作那些向神表达敬意的赞美诗。乌尔的国王在书记官编纂的故事中，如那些记载"神圣婚姻"的文献所说，成了那些古代明君圣主的集大成者，他们身体强壮，为人正直，极其聪明，同时还非常有男子气概。

绝大多数赞美诗都是献给舒尔吉本人的，诗歌作者一般都会称赞他很有学问，像书记官那样精通苏美尔语：

> 我是王者，我是国王和王后的后代。我，尊贵的舒尔吉，在母亲的腹中便已得到神的祝福。我在很小的时候，就学富五车，通过那些泥板文书学习苏美尔语和阿卡德语。[48]

这样一来，书写的特权就跟王权攀上了关系。借助这些文学作品，乌尔的统治者努力将自己与那段辉煌、英勇的历史联系起来，从而加强自身权力的合法性。基于相同的目的，他们还将自己纳入乌鲁克王室的传承体系当中。由于历史的原因，乌鲁克和乌尔两个城邦的统治者家族在政治方面，甚至在血缘方面，都可能存在千丝万缕的联系。

至少有九首出自乌尔书记官之手的苏美尔语叙事诗，提到了乌鲁克历史上的那些伟大君王，他们是恩麦卡尔（Enmerkar）、卢伽尔班达（Lugalbanda）、比尔佳美斯（Bilgames，苏美尔语，他在稍晚些时候的阿卡德语故事中的名字是"吉尔伽美什"Gilgamesh），以及这些君王的守护神，伟大的女神伊南娜。[49] 其中的某些故事可能出自乌尔的宫廷书记官之手，某些则可能是此前已经存在的古老传说。

山洞里的卢伽尔班达

乌鲁克的王恩麦卡尔决定征服一个叫阿拉塔（Aratta）的地方，据说，那个地方位于美索不达米亚东边的伊朗高原。国王召集军队，向阿拉塔进军。可是隐藏在士兵中的英雄卢伽尔班达生了病，他被放在一个山洞里，身边有些食物。卢伽尔班达病了两天，生病期间，他向乌图、伊南娜和南纳等神灵祈祷早日痊愈。

卢伽尔班达的身体最终恢复如初，他逮到了一头野牛和两头野山羊。安卧睡觉时，神给他托了一个梦，嘱咐他将逮到的牛和山羊作为牺牲。卢伽尔班达奉命照办。

很可惜，记载这个故事的泥板文书残缺不全，因此无法得知它的结尾。

卢伽尔班达和安祖鸟

这个故事的开头，卢伽尔班达待在名为"卢卢比"（位于伊朗西部）的大山深处。他在那里发现了巨型安祖鸟的雏鸟，这种鸟被描绘为狮头鹰身的造型。卢伽尔班达决定喂养这只雏鸟。

安祖鸟回巢时，发现幼鸟已经不再听自己的话，同时却任由卢伽尔班达差遣，还显得很高兴。作为感谢，神鸟让卢伽尔班达拥有了快速飞行的能力。凭借这种神力，他赶上了已经兵临阿拉塔城下的队伍。

恩麦卡尔国王此次出兵非常不顺，围城战打了整整一年，也没什么进展。于是他决定派人返回乌尔，请求女神伊南娜的帮助和指导。卢伽尔班达自告奋勇，接受了这项任务。靠着神鸟赐予的超能力，他可以在一天时间里翻越"七座大山"（在苏美尔文化中，七座山就是无穷远的意思）。

女神伊南娜向恩麦卡尔国王传授了攻陷阿拉塔的办法，同时要求以当地丰富的资源作为回报。

恩麦卡尔国王与阿拉塔的领主

恩麦卡尔国王给阿拉塔的领主派去一位信使，要求他们向乌鲁克提供技艺娴熟的工匠以及珍贵的金属和宝石，用于修建神庙。信使翻越"七座大山"，来到阿拉塔，领主拒绝了国王的要求。

双方首领决定通过猜谜的方式，比比到底谁更聪明。几个回合过后，恩麦卡尔国王决定再次向阿拉塔派出信使，劝说对方放弃抵抗。口信太长，信使记不住全文，恩麦卡尔国王只得把要说的话写在泥板上。于是，文字被发明了出来。

阿拉塔的领主无法读懂黏土上的文字，这才意识到自己被一位更聪明的国王打败了。

恩麦卡尔和恩苏克旦娜（Ensuhkeshdana）

乌鲁克国王恩麦卡尔与阿拉塔领主恩苏克旦娜间的较量通过两位魔法师展开。故事的开头晦涩难懂，结尾就是一场争斗。阿拉塔的魔法师给苏美尔城邦埃雷什（Eresh）的牛群施了法术，让它们停止产奶。较量由此在阿拉塔的魔法师和一位苏美尔巫婆之间展开了，前者用法术从河里抓了一些水生动物，后者则总能凭借法术逮到更大的动物，吃掉前者的斩获。

较量的失败者被丢进河里，乌鲁克又赢了一局。

比尔佳美斯和阿卡（Aka）

乌鲁克被基什王阿卡的大军包围了。比尔佳美斯向城中的长者求救，他们聚集到一起，却拒绝投入战斗。国王只得求助城中的年轻人，他们热情地追随他，奔赴战场。

基什人拿比尔佳美斯开玩笑，然而后者却只身爬上城墙。他的英雄气概足以不战而屈人之兵。阿卡被俘，但是比尔佳美斯放了他。

比尔佳美斯和洪巴巴[1]

比尔佳美斯带着侍从恩奇都（Enkidu）和其他 50 个年轻人，离开乌鲁克，前去砍伐最好的雪松。连续翻越"七座大山"以后，比尔佳美斯发现了几棵大树，连忙招呼侍从，把他的斧头拿过来。

森林的守护神，身负七种可怕的超自然神力的洪巴巴突然现身。比尔佳美斯机智地拿出供品，还许诺洪巴巴可以和自己的两个姐妹结婚，以此为条件，交换守护神手中的神力。

七大神力到手后，比尔佳美斯向着洪巴巴稍稍欠身，仿佛是要献给他象征友谊的一吻，然后趁着这个机会，突然发难，朝他脸上打了一拳。他们原本可以利用这个机会把洪巴巴杀死，可是守护神眼中的泪水让比尔佳美斯产生了同情心，不忍下手。

侍从恩奇都提醒比尔佳美斯，他如果想要成为一个名垂青史的大英雄，唯一的办法就是杀死洪巴巴。守护神的头于是被砍了下来。

---

[1] Huwawa，苏美尔神话中的雪松山守护者。

比尔佳美斯和天国的公牛

比尔佳美斯和女神伊南娜发生了争执，女神禁止他在乌鲁克月神神庙的"天房"（Eanna）里临朝听政。比尔佳美斯对女神的禁令置若罔闻，盛怒中的伊南娜求助于自己的父亲，天国之主——安神，请求他让天国的公牛下凡到人间。安神原本不愿意这么做，最终还是满足了女儿的心愿，公牛被放了出去。

> 公牛到了乌鲁克以后，吃光了当地的牧场，把河里的水喝得啧啧有声。公牛每发出"啧"的一声，河道就被喝干 1600 米，它仿佛总觉得口渴，永远无法满足。公牛吃光了牧场，只留下光秃秃的土地。公牛推倒了乌鲁克的杉树，把它们全部填到嘴里。这之后，公牛立起身子，放水淹没了乌鲁克。[50]

比尔佳美斯和恩奇都最终想办法杀死了公牛，然后傲慢地将这头牛碎尸万段，扔在诸神面前。

比尔佳美斯、恩奇都和冥府

时间开始后，宇宙便被创造出来，风暴连根拔起一棵神树。伊南娜找到了这棵树，把它种在乌鲁克自己的花园里。女神盼着神树长大，好用它的木料做家具。若干年以后，三种动物在这棵树上安了家。一条蛇住在树根，安祖鸟住在树梢，怪兽吉斯克利亚住在树干里。伊南娜请求哥哥太阳神乌图帮自己赶走它们，却没能成功。

比尔佳美斯答应帮忙，他杀死了蛇，赶走了其他两只怪兽，把树砍倒，替伊南娜做了家具。除了家具，比尔佳美斯还做了两件东西，其中的一件是一个圆环，另一件是一根棍子[1]。这两件东西可以用来做游戏，同时也是战斗和性的隐喻。

比尔佳美斯把这两件器物遗失在了冥府。恩奇都决定把它们找回来，比尔佳美斯告诫侍从，留神冥府的危险。恩奇都无视警告，被扣在了那里。比尔佳美斯心急如焚，恩利勒[2]却拒绝提供帮助。

大神恩基答应帮忙，他说服太阳神发出光芒，把冥府照射出一个窟窿。恩奇都的灵魂顺着窟窿爬了上来，为比尔佳美斯描绘了地府的阴森可怖。

---

[1] 即滚铁环游戏，关于这种游戏的起源地，说法不一，有一种说法认为它起源于古代美索不达米亚。

[2] Enlil，苏美尔神话中排在第二位的神灵。

比尔佳美斯之死

英雄比尔佳美斯走到了生命尽头，生病躺在床上，睡梦中，神帮他回忆了自己的英雄壮举，包括拯救大洪水的幸存者，永生不死的朱苏德拉[1]。

神告诉比尔佳美斯，死亡无可避免，他必须前往冥府，前往一座大城。在那里，他将和那些最高贵的男女祭祀，和他的家人、朋友，还有曾经的下属和士兵们，永远生活在一起。

一阵大风吹开了幼发拉底河的水面，人们在河床上为比尔佳美斯修建了坟墓。

即便不是全部，这些故事中至少也有一部分是书记官重新编辑、改写的作品。舒尔吉国王当政时期，成立了专门培养书记官的学校，意在统一政府文件的撰写规范。这样的做法对他的国家产生了深远的影响。

当时的美索不达米亚南部地区被划分为省长领导下的若干省份（省份划分的依据就是独立城邦原先的疆域）。每个省必须以纳税人的名义，向中央政府提供各种产品，同时还要提供各种农业资源

---

[1] Ziusudra，苏美尔语"长寿者"的意思。

和人力资源。苏美尔语称之为"bala"，也就是"交换"（exchange）的意思。

这种复杂行政体制引发的后果之一，就是出现了数千万份苏美尔语楔形文字泥板文书，它们的数量在美索不达米亚的历史上可谓空前绝后。泥板文书记载的内容非常驳杂，从最简单的收支凭证，到复杂的收成计算表，不一而足，其中还有一些泥板文书记载的是政府雇佣男女工人兴建某项大型工程的开支。

这些泥板文书的出土地点，遍及美索不达米亚的各处古代遗址。19 世纪以后，它们中的多数遭到盗掘，流散到世界各地的博物馆和私人藏家手中。尽管如此，我们还是可以将这些文物归纳、串联起来，获得很多有用的信息。到目前为止，已有将近 100000 件此类泥板文书得到整理出版，还有数千件正在翻译当中。

就像阿卡德王朝的历代国王一样，乌尔王朝的统治者习惯将那些具有影响力的职位留给自己的子女，比如重要神庙的男女祭司等，其中就包括乌尔城安神神庙的女祭司职位。传承父亲衣钵的舒尔吉国王在资助神庙翻建和装修方面从不吝惜金钱，他还喜欢将自己装扮为虔诚的神庙建设者，向那些古代英雄人物靠拢。

乌尔遗址出土过一件巨型石碑残片，这块石碑是献给乌尔纳姆国王的，实际完成时间却可能是在舒尔吉国王当政时期。石碑下部的画面表现的是国王本人亲自参加神庙修建工程。[51] 石碑的上部，刻画的则是国王在已经完工的神庙里举行仪式，这也是整个故事的高潮部分。

舒尔吉国王当政时期，神权与王权间的关系变得更加简单直白。这位国王执掌大权后不到 20 年，干脆就开始以神的身份自居。他的继任者对此也纷纷效仿，许多城镇都修建了供奉国王神像的庙宇。政府官员们使用的印章上，除了本人的姓名和官衔，还会刻有一行小字，声称自己是国王的仆人。图片中这枚印章的主人名叫"伊冷·巴尼"（Ilum-bani），他是舒尔吉的继任者伊比辛国王（公元前 2028—前 2004 年在位）当政时期的一位官员。印章上的画面，表现的是他觐见国王的场景。国王完全被刻画为神的样子，端坐在一弯新月和一个闪耀的太阳之下。

图 48　伊比辛国王时代官员，"伊冷·巴尼"的椭圆形印章和现代复制品，出土地点未知，完成于公元前 2020 年前后

古巴比伦王朝时期（公元前 2004—前 1600 年）

目前已知的乌尔第三王朝时期文献，主要是公元前 2000 年早期那些书记官学校学生的习作。20 世纪中期，学者们之所以能够将苏美尔人认定为一个独特的民族，主要依据的就是这些文献材料。问题在于，这些文献问世时，就连美索不达米亚的母亲，也不会跟自己的孩子说苏美尔语了。引发乌尔王朝覆灭的一场政治剧变，则可能在苏美尔语作为口头语言逐渐消亡的过程中，起到了画龙点睛，甚至是推波助澜的作用。

伊比辛国王当政时期，根据保存下来的国王和大臣们的来往信件记载，诸多因素削弱了中央政府的控制力。这些因素包括粮食短缺、商路贸易，以及物资供应受到游牧民族侵扰等。对于国家的财政和分配体系而言，这些威胁都不容忽视。某些高官则趁势而动，拓展自己的势力。他们当中知名度最高，也是最成功的案例，非伊辛省的省长，伊什比埃拉（Ishbi-Erra，公元前 2017—前 1985 年在位）莫数。

公元前 2004 年前后，包括埃兰人在内的一支联军，气势汹汹地从伊朗西部地区杀向美索不达米亚。他们攻打乌尔，很快占领了这座城市。埃利都、基什、乌鲁克和尼普尔等地，也先后遭到洗劫。伊什比埃拉足足花了 10 年时间，才率军将埃兰入侵者赶了出去。

入侵者被赶走后，伊什比埃拉和他的继任者便获得了掌控乌尔朝政大权的合法性。他们在位期间，数量可观的文学作品被创作出来。这些作品的主题千篇一律，讲述的都是灾难降临乌尔，大英雄挺身而出，拯救国家于水火。一篇《灾难笼罩破败的苏美尔和乌尔》（*Lamentation over the Destruction of Sumer and Ur*）的文章，通过反衬手法，凸显了这座城市遭到神的遗弃以后，伊什比埃拉力挽狂澜的光辉形象：

> 他们应该被交到敌人手中，斯马什基[1]人和埃兰人夺走他
> 们的土地。那些在自己土地上放牧的“羊倌”，将被敌人抓走。
> 伊什比埃拉应该被戴上脚镣，送到埃兰。[52]

伊什麦·达干国王（Ishme-Dagan，公元前 1953—前 1935 年在位）在位期间，豢养了很多最杰出的诗人，他们创作了大量以舒尔吉为题的赞美诗，几乎和乌尔第三王朝时期，舒尔吉本人当政时创作的数量一样多。[53]

《灾难笼罩破败的尼普尔、乌鲁克和埃利都》是个系列故事，诗人立场鲜明地谴责了外来入侵者，讲述那些圣地惨遭蹂躏的悲

---

[1] Simashki，当时生活在伊朗高原的一个部族，他们是这支联军的首领。

剧。某些故事的结尾还会讲到城市的复兴、圣殿的重修。杜撰这些
故事的目的，一方面是要维护神的权威，另一方面则是要维护乌尔
和伊辛统治者的权威，避免世人将灾难的起因归咎于他们。至于这
些赞美诗到底能在多大程度上符合真实的历史，那实在是一个值得
商榷的问题。

由于若干重要文学作品的问世，古巴比伦王朝时期又被学者们
称为"苏美尔文学的经典时代"。正是在这个时期，社会上出现了
被称为"学校"（edubba）的机构，专供那些渴望成为书记官的人
学习各种专业技巧。在校学生以男孩为主，不过也有一定数量的女
孩来到这里学习阅读和书写。[54] 在尼普尔、西帕尔—安纳姆[1] 和乌
尔等地发现的一些房屋遗址，已经被证明就是当初的学校。[55]

进入这些学校的学员书记官，每天最主要的课程就是临摹那
些前人留下的泥板文书。完成这部分教学内容以后，更进一步的
课程是学习算数，最主要的任务是掌握乘法表和倒数表（tables of
reciprocals）。再往后的内容就是学习他们生活的那个年代的各种契
约文书、商业文件和箴言警句的书写规范。最后是临摹阿卡德王朝
和乌尔第三王朝时期留下的王室文献，同时撰写古巴比伦时期自己
的王室文献。

---

[1] Sippar-Amnanum，苏美尔王表中，大洪水以前，王权降临的第四座城市。

这些苏美尔语文献中某些章节的语法规则可能会打破常规。这种现象在苏美尔语中被称为“埃美沙尔”（emesal），专门被用于书写神曲，记录女神的告诫，同时还可以用来撰写以女性为对象的箴言和劳动歌曲。[56] 之所以出现类似这样的情况，最早可能是苏美尔语中存在一定数量的方言，这些方言后来就被掌握苏美尔语的学者用于书写某些特定的文本，比如代表女性声音的文本。

掌握苏美尔语被认为是有学问的标志，书记官们因此都愿意给自己起个苏美尔语的名字。毫无疑问，当时的书记官学校，采用的是双语教学（鉴于现存楔形文字文献语言情况的复杂性，某些地方甚至可能采用多语种教学），男孩们同时学习用苏美尔语和阿卡德语书写。

出自学校的一份古代文献记载的故事反映了这种双语教学的情况。故事中，老师要求学生把一种语言翻译成另一种语言，然后再把翻译完成的文本翻译回去。[57] 很多以古代苏美尔语文学作品为基础创作的阿卡德语作品，由此被收录进了书记官学校的教科书，这其中就包括吉尔伽美什、阿特拉哈西斯[1]，还有大洪水的故事。

---

[1]　Atra-Hasis，古巴比伦时期的美索不达米亚神话。

图 49　巴比伦时代，亚述巴尼拔国王在奠基仪式上抬着一筐土的雕像，出土自伊拉克，创作于公元前 688—前 650 年前后

第6章

回到原点

公元前 2 世纪早期问世的众多苏美尔语文献中，有一篇文章的题目非常具有现代特色——"恩基神和世界秩序"，文章讲述的是主神恩利尔送给恩基神两件礼物，一件是名为"神道"（divine me）的超能力，另一件是名为"定数"（nam-tar）的超能力，前者是构成生命和文化的基本元素，后者则可以决定世间万物的命运。

两种超能力都起源于神创造人类，建立世界秩序的神秘时刻。凭借拥有的超能力，恩基神将自己的智慧传授给人。对美索不达米亚的历代统治者，以及他们豢养的学者来说，将古老的过去与自己现在的生活相互关联，具有重要的现实意义。借助那些保存下来的历史文化和遗迹，他们可以了解自己城邦的古老历史。重修砖坯宫殿和神庙，则有可能让这些学者触及古老地层深处埋藏着的古老苏美尔语泥板文书。

就像新王朝的臣民在旧王朝遗留的地基上重修庙宇一样，每当美索不达米亚南部地区实现类似阿卡德王朝时期和乌尔第三王朝时期那样的"大一统"局面时，历史就会被重构。城邦和王位可以被世代传承，随同它们一起得到传承的，还有一套神圣的体制，著名的苏美尔王表就是这种体制的集中体现。

公元前 2000 年以后，这套神圣体制成了指导王室言行的金科玉律，"历史"的地位由此变得越发重要。人们相信，神的意志可以通过某些事件，当然也包括过去发生的事件得以显现，因此借助神学领域的相关知识，观察神发出的各种信号，便可预知未来。这种"以史为鉴"的渴望，意味着历史文本的讲述必须更加详尽，讲述的故事还必须有足够的时间纵深。诸如此类的现实需要，激发了当时的人们对那些文物古迹的兴趣。

公元前 1450 年前后，加喜特[1]的国王们统一了美索不达米亚南部地区，建立了统一的巴比伦王朝。坐稳了江山的巴比伦国王立即动手大兴土木，新建和重修神庙。尼普尔那座已经荒废了几个世纪的神庙可能就是在这个时期被"发掘"出来的，在原有基址上，得到了翻修和重建。[1]

类似这种追溯历史的行为，在加喜特王朝的椭圆形印章上，也可以找到蛛丝马迹。此类印章的装饰图案大多沿用了武士觐见神灵或国王的题材，它们与历史上同类器物的最明显区别，就是上面有冗长的苏美尔语铭文。本书展示的这枚印章，雕刻材质是一种名为"玉髓"的牛奶色宝石。印章上的装饰图案是一位站立的男士，身边配有献给阿卡德的女神伊南娜的 8 行赞美诗。赞美诗使用的是原始楔形文字，诗的内容是女神倾尽自己的所有"神道"，为太阳神沙玛什送去祝福。

---

[1]　Kassites，伊朗高原土著部族，属于雅利安人种。

图 50　带有苏美尔语伊南娜女神赞美诗铭文的椭圆形印章（和现代复制品），出土地点未知，完成于公元前 1400—前 1200 年前后

公元前 1158 年前后，被埃兰王舒特鲁克—纳克杭特一世（Shutruk-Nahhunte I）从美索不达米亚南部和东部各个城邦掠到苏萨的古代纪念碑，此时又被夺了回来。20 世纪早期，法国考古学家找到的就是这批两度易手的战利品。其中的多数纪念碑都和阿卡德王朝最有权势的几位国王有关，比如纳拉姆辛国王的纪念碑。不过也有少数纪念碑完成于乌尔第三王朝时期。当时的人们相信，纪念碑上的图案与历史存在着神秘的关联，蕴含着强大的力量，能够沟通古今，为现实的神圣体制和权力提供依据。

到了公元前 1000 年，中东地区的大部分土地都被亚述和巴比伦王朝瓜分殆尽。此时，这些纪念碑被小心翼翼地挖掘出土，按照历代国王的在位顺序重新树立起来，还被当作那个时代同类作品的模板。[2] 亚述国王阿萨尔哈东（Esarhaddon，公元前 680—前 669 年在位）在一篇铭文中声称，他"在重修巴比伦和亚述神庙的过程中，亲自用筐抬土，为神庙制作了第一块砖坯"。到了他的儿子亚述巴尼拔[1]（Ashurbanipal，公元前 668—前 631 年前后）和沙玛什述目金（Shamash-shum-ukin，公元前 667—前 648 年）当政时期，类似这样的仪式就被艺术化为以公元前 3 世纪晚期出现的奠基雕像为原型的石头雕像。[3]

亚述巴尼拔作为亚述王朝最后一位定都尼尼微的伟大君主，他对自己的定位是文治武功不输此前的历代君主，还是一位完美的领导者兼书记官。[4] 他曾这样夸耀自己：

马尔杜克[2]，赐予我广博的知识和丰富的阅历。声震寰宇的书记官纳布[3]，将他的全部智慧，作为礼物转赠于我。尼努

---

［1］　亚述国王，亚述王朝在他统治的时期达到鼎盛，这个时期出现了著名的亚述巴尼拔图书馆。

［2］　Merodach，巴比伦的守护神。

［3］　Nabu，马尔杜克的儿子。

尔塔[1]和涅伽尔[2]赐予我强健的体魄，男子汉的气概，还有无穷的神力。

我继承了阿达帕[3]的睿智，我知晓书记官的全部秘密。我洞悉天地间的一切风吹草动，能力不输精于此道的专家。我能够像医生那样悬壶济世，能够与专业的学者探讨，人的肝脏是否和上天存在天人感应。我可以掌握那些烦琐的运算，破解复杂的倒数。我可以读懂晦涩的苏美尔语文章，还通晓神秘的阿卡德语。

我阅读过那些大洪水时代以前留在石头上的铭文，它们混乱又没有头绪，别人无法读懂。5

亚述巴尼拔对自己的能力虽然有些夸大其词，但是他豢养的书记官经过系统的专业训练以后，必定能够读懂那些出自建筑地基，以及神庙和宫廷图书馆的古代文献。

王室的追捧为苏美尔文明带来了一次复兴的机会，美索不达米亚南部神庙的砖坯再次被印上或刻上了以苏美尔语撰写的，纪念寺

---

[1] Ninurta，即苏美尔神话中的战神宁吉尔苏，在古巴比伦神话中，他的身份是战神兼农业灌溉之神。

[2] Nergal，古巴比伦神话中的战神和火神。

[3] Adapa，古巴比伦神话中的第一个人。

庙重修的铭文。即便是在字母文字，尤其是阿拉米字母[1]取代楔形文字成为中东地区记录日常生活语言的主流文字以后，有学问的书记官们仍在学习、使用苏美尔语。已知年代最晚的楔形文字文献出现在公元 75 年，从那之后，这种文字应该还被书记官们继续使用了两个多世纪。

谁的苏美尔？

2003 年，美国主导的多国联军入侵伊拉克，萨达姆·侯赛因失去权力。国家崩溃，陷入内战的深渊，教派间的冲突导致数以百万计的平民死亡，生活陷入赤贫。占领军和随后接手的伊拉克政府竭力维持安全稳定，在修复受损严重的基础设施的同时，这个国家的文化遗产和教育部门正在面临着巨大的危机。

就像 20 世纪 90 年代的情况一样，那些在贫困中挣扎的人以及试图浑水摸鱼的投机分子，都将文物视作潜在的额外收入来源。伊拉克的大量古迹遭到盗掘，这其中的绝大多数案例，都是伊拉克人自己干的，联军部队偶尔也会参与其中。6 包括泥板文书和椭圆形印章在内的各类文物，通过非法途径离开这个国家，落入文物贩子

---

[1]　Aramaic，古代中东通用语言。

和他们的客户手中。其中的一些文物可能会暂时"人间蒸发"，等风头过了以后，再找机会出手。直到笔者写作本书期间，大量伊拉克文物仍在借助形形色色的掮客之手，流散到世界各地，纽约和伦敦就是此类物品的销赃中心。[7]

有一个案例可以证明联军入侵对伊拉克文化异常严重的破坏程度。2003 年，伊拉克博物馆遭到哄抢，被盗物品中大约有 15000件都是典型的古代苏美尔文物，其中包括乌鲁克花瓶、瓦尔卡面具[1]、埃纳纳姆雕像等，最终只有大概 7000 件物品被找回。

西方世界将此次事件视为全球文化遗产的一场浩劫。毕竟，苏美尔文明始终被视为西方历史文化的一部分，在这方面遭受的损失，自然就被视为西方文化遭受的损失，进而还可以被视为全球文化的共同损失。

伊拉克和叙利亚的文化遗产遭到袭击和破坏，理由是正统伊斯兰教不鼓励偶像崇拜。大量古迹遭到盗掘，由此所得的文物则被偷运出境，换取维持战争的资金。伊拉克南部那些直接与苏美尔相关的文物古迹算是侥幸免遭浩劫，不过北方的亚述、尼姆鲁德、尼尼微等地就没这么幸运了。与此同时，位于叙利亚的布拉克土墩、埃卜拉古城，以及马里古城等遗址，也在叙利亚战争中遭受了巨大

---

[1]　Mask of Warka，完成于公元前 3100 年，被称为"苏美尔的蒙娜丽莎"。

损失。

联合国教科文组织（UNESCO）的成立作为人类文化遗产全球价值的最直接体现，主要任务就是判定哪些文物古迹属于文化遗产，进而对这些文化遗产加以保护、发扬光大。具体哪些文物古迹有资格列入世界文化遗产名录（WHL），则由该组织的会员国共同决定。

衡量哪些文物古迹属于文化遗产，哪些不属于文化遗产，其实就是对它们的价值作出判断。联合国教科文组织的工作只是将得到认定的物质和非物质文化遗产列入名单，真正的保护职责还要由文化遗产的所在国承担。从某种意义上说，世界文化遗产名录其实是个平台，人们可以通过这个平台告诉全世界，哪些人文景观和文化遗产正在遭受威胁，有可能彻底消失。

位于伊拉克南部，也就是古代苏美尔的那些沼泽湿地，就属于正在遭受威胁的人文景观。2016 年，包括乌鲁克、乌尔和埃利都在内的 3 处古城遗址，还有另外 4 块湿地（它们属于自然和人文相互交融的特殊环境），被列入世界文化遗产名录。[8]

伊拉克政府的核心诉求，是要将当地沼泽阿拉伯人（Ma'dan）所承载的文化一并列入世界文化遗产名录。时至今日，作为历史最悠久的土著居民，他们仍然生活在那片沼泽地上，日复一日的生活几乎和已知历史文献中记载的祖先没什么区别。他们必须生活在这里，也只有在这片沼泽地上，才能体现千百年来人与自然的关系。

沼泽阿拉伯人并非苏美尔人的后裔，但是他们的存在却可以让世人了解在过去的几千年中，人与沼泽共生共存的独特生活方式。得到资金支持的伊拉克政府提出了一项灌溉沼泽的计划。这样的做法，不仅使沼泽地的动植物恢复了生命力，更重要的是，也使人们回到了大自然中。人和动植物在这片沼泽地上和谐相处，共同经营着自己的生活。

很多人已经认识到了此类"活文化遗产"的价值。这方面的典型代表，就是艺术家拉沙德·萨利姆（Rashad Salim），他提出了"萨芬娜计划"（Safina Projects），该计划的主要目的，是复兴、保护和研究两河流域的传统造船工艺。古代美索不达米亚文明在椭圆形印章和石碑上雕刻各类船只图案，以及用黏土制作船只模型的艺术风尚，最早可以追溯到公元前4世纪晚期，然而到了20世纪末，制造这些船只的工艺却濒临失传。

依靠现存造船作坊的帮助，同时参考相关历史记录，"萨芬娜计划"已经对这些古代船只的诸多细节，比如材料的使用、制造技术、船只形制，还有其他相关的工艺，进行了详细的归纳、整理。借助这项研究成果，当地居民就可以把自己的文化遗产传承下去。正如"萨芬娜计划"的项目负责人汉娜·李维（Hannah Lewis）所说的那样：

图 51　古巴比伦地区，幼发拉底河上被称为"Taradas"和"Chilaika"的两艘传统小船，拍摄于 2019 年

　　这些船在当今的经济生活中可能不会发挥任何重要作用，不过它们对旅游、体育、休闲、文化、教育等领域而言，又具有独特的意义。人们能够亲眼看到这些文化遗产被投入实际应用，而不是单纯地将它们束之高阁，保护起来。如此一来，美索不达米亚作为一片尊重古老知识、地方生态和文化传统的土地，也就有了走向未来的基础。9

还有很多艺术家仍在致力于发掘和研究存在较多争议的伊拉克

社会、政治和文化历史。例如，迈克尔·拉科维茨[1]从 2007 年创作至今的雕塑作品《看不见的敌人不应存在》（*The Invisible Enemy Should Not Exist* ），就是用中东地区的食品外包装和旧报纸复制伊拉克博物馆遭到洗劫的文物。艺术家通过使用这些短时间内就会被丢弃的原材料，想要告诉人们，历史多么容易被人遗忘，那些经过各种渠道，从原生地来到西方，成为博物馆和私人藏家手中藏品的被盗文物，每件背后都承载着一段难以言说的复杂历史。

借助自己的雕塑作品，迈克尔·拉科维茨以象征的手法，让公众看到了伊拉克文化遗产正在遭受的威胁，同时也对那些古代苏美尔雕塑作品被发掘、修复和展示的历史做出了反思。

苏美尔的失落和被找到，以及再次"失落"

作为《失落的文明》（*lost Civilizations* ）系列丛书中的一本，本书意在系统审视过去两个世纪当中，苏美尔文明被发现和建构的全过程。经过这样的发现和建构，毫无疑问，苏美尔文明已不再是一种"失落的文明"。事实上，苏美尔文明和苏美尔人可能从未真正"失落"过，因为他们可能从来就没有真正存在过。至少从民族

---

[1] Michael Rakowitz，犹太裔伊拉克人，1973 年生于美国。

语言学（ethno-linguistic）的角度来说，历史上或许从未真的存在过苏美尔人这么一个族群。真正"失落"过，然后又被重新"发现"的，只是以楔形文字的形式保存在古代美索不达米亚文明中的苏美尔语。

实际的情况可能正如杰罗尔德·库珀[1]所说的那样：

> 从某种意义上说，苏美尔人也许只是当代亚述学家的一种"发明"。他们过于心急地依据一种独特的语言，确认了一个独特的民族。[10]

沿着从语言学到民族学的思维脉络，苏美尔人被构建成了一个族群，也可以说是一个种族或国家。将苏美尔人打造为一个独立族群，进而还将他们视为现代世界的祖先和开创者，以及那些所谓将其视为"低等"民族对立面的做法，本身反映了特定时代语境中的特定诉求。这样做的后果，就是让苏美尔人成为了公元前 3000 年前后，美索不达米亚世界的唯一代言人。尽管目前有充分的证据表明，那里曾经是一个多元化的世界。

本书开头提到的苏美尔王表，就是上述历史建构方式的突出体

---

[1]　Jerrold Cooper，美国霍普金斯大学教授。

现。这份由牛津大学保存的王表，将埃利都作为自己的时间起点，出现在王表上的半数国王，大多还拥有闪米特语的名字。与此同时，其他的类似文献，包括现存最早的出自舒尔吉统治时期的文献，则普遍以基什作为自己的时间起点。

尽管如此，这份王表在将近一个世纪的时间里，却始终被称为"苏美尔王表"。因为它所选取的那个久远的时间起点，恰恰与当代社会对苏美尔人的想象存在某种契合。事实上，这份王表所要传达的信息可能是，在美索不达米亚南部地区，曾经存在过一种由说苏美尔语的族群和说闪米特语的族群共同创造的杰出文化。[11] 两个族群和谐共处，直到乌鲁克王朝晚期，这才有一位说苏美尔语的人——可能真的只有一个人——发明了楔形文字。由于目前的原始楔形文字文献中还无法辨认出一个带苏美尔特征的名字，所以类似这样的观点，仍然只是一个得不到证明的猜想。

没有考古证据显示，古代苏美尔文字的演化在早王朝时代的初始阶段发生过明显断裂。相反，那些经书记官之手复制、传承的辞书，体现出了很强的连续性。到了公元前 2800 年前后，当苏美尔语以可视化的文字方式呈现在世人面前时，它可能已经蜕变成了一种精英语言。这种语言的使用，往往与统治阶层和书记官紧密相连。与此同时，这个时期居住在美索不达米亚南部偏远地区的人，可能仍在日常生活中使用苏美尔语。

　　到了公元前 3 世纪中期，这个地区，乃至更广阔的两河流域淤积平原的范围内，才开始以阿卡德语的形式出现"苏美尔"（ki-en-gi）这个概念。至于"苏美尔"这个说法指的到底是不是一个真实存在的地方，我们至今无从知晓。

　　最早的苏美尔语在行文过程中体现出了很多闪米特语的特征，比如字里行间被书记官提及的那些姓名。我们始终无法确认，这些人的名字是否就是他们的真名实姓，还是某种社会性、宗教性的头衔。毕竟，已经有种种迹象显示，著名的"苏美尔女王"普阿比，其实是一位阿卡德人。没人知道她每天临朝听政时，说的到底是哪种语言。很有可能，历史上真实的女王日常使用的是双语，她会根据实际情况的需要，游走于阿卡德语和苏美尔语之间。这种情况与文艺复兴运动时期，以及稍晚些时候，欧洲宫廷流行同时使用多种语言的做派非常相似。

　　有鉴于此，所谓的"苏美尔文明"，或许应该是"苏美尔的文明"，而不是"苏美尔人的文明"。这种文明诞生于美索不达米亚南部的沼泽湿地，生活在那里的人们齐心协力，在荒原上建起了城市。城市可以保护他们免遭环境因素（比如饥荒、洪水等）的干扰，同时也可以为社会、政治关系的形成，主从地位的确立，权利、义务体系的搭建，提供基础。

　　对于那个时代的很多人来说，每天的生活并不轻松，他们随时需要面对疾病、野兽和战争的威胁。几具来自乌尔王室墓穴中的骸骨，就可以轻松打破世人对苏美尔的浪漫幻想。要知道，这些殉葬者并非如我们想象的那样，自愿服下毒药，追随主人前往另一个世界，而是被人用斧子击打后脑，强行夺走了生命。殉葬者死后，还被放在火上烤过，涂抹了充当防腐剂使用的水银，然后浑身上下装扮一新，陪同主人长眠在坟墓里。[12] 他们可能是“乌尔军旗”上描绘的那种遭到处决的战俘，也可能是自愿充当牺牲的王室成员。关于这个问题，谁也无法给出准确的答案。

到了公元前 3 世纪晚期，已经没有人再把苏美尔语当成母语使用了。此时的它，或许仅仅是一种官方语言和学术语言。拥有特权，能够接受正规教育的少数社会精英，也就是那些王室成员和书记官，最终构建起了一种苏美尔和阿卡德两种元素互相融合的文化。正是这些精英，复制、创作了那些能够迎合舒尔吉国王口味的苏美尔语文献。

这位国王自称是“苏美尔的子孙”，换言之，他认为自己是一个苏美尔人。不过实际的情况可能恰恰相反，这位国王或许只是一个出生在美索不达米亚南部，同时还精通一种“死亡语言”的土著居民而已。历史上的苏美尔人纯粹就是一种构建出来的“知识”，今天的我们仍在延续着这样的构建。苏美尔人是一个按照我们自己的想象，应该存在过的族群，然而事实上，他们可能从来就没存在过。

参考文献

第 1 章 缘起

1 Jeremy A. Black et al., 'The Sumerian King List: Translation', www. etcsl.orient.ox.ac.uk, accessed 13 July 2018.

2 Piotr Michałowski, 'History as Charter: Some Observations on the Sumerian King List', *Journal of the American Oriental Society*, ciii（1983）, pp. 237–48.

3 Christina Riggs, Egypt: Lost Civilizations（London, 2017）.

4 Frederick N. Bohrer, *Orientalism and Visual Culture: Imagining Mesopotamia in Nineteenth-century Europe*（Cambridge, 2003）; Michael Seymour, *Babylon: Legend, History and the Ancient City*（London and New York, 2014）.

5 Edward Said, *Orientalism*（New York, 1978）.

6 Samuel N. Kramer, *The Sumerians: Their History, Culture, and*

Character（Chicago, IL, 1963）, p. 4.

7 Richard Miles, *Ancient Worlds: The Search for the Origins of Western Civilization*（London, 2010）, p. 3.

8 Ibid., p. 6.

9 Charles Tripp, *A History of Iraq*（Cambridge, 2002）, p. 8.

10 Marika Sardar, 'Shah 'Abbas and the Arts of Isfahan', www.metmuseum.org, 3 October 2003.

11 Pietro della Valle, George Havers and Thomas Roe, *The Travels of Sig. Pietro della Valle, a Noble Roman, into East-India and Arabia Deserta in Which, the Several Countries, Together with the Customs, Manners, Traffique, and Rites Both Religious and Civil, of Those Oriental Princes and Nations, Are Faithfully Described : In Familiar Letters to his Friend Signior Mario Schipano: Whereunto Is Added a Relation of Sir Thomas Roe's Voyage into the East-Indies*（London, 1665）, p. 262.

12 Irving Finkel, 'The Decipherment of Achaemenid Cuneiform', in *Forgotten Empire: The World of Ancient Persia*, ed. J. Curtis and N. Tallis（London, 2005）, p. 25.

13 Marcus N. Adler, *The Itinerary of Benjamin of Tudela: Critical Text, Translation and Commentary*（New York, 1907）, pp. 33–4, 42.

14 William Dalrymple, *The Anarchy: The Relentless Rise of the East*

India Company（London and Oxford, 2019）.

15 St John Simpson, 'From Persepolis to Babylon and Nineveh: The Rediscovery of the Ancient Near East', in *Enlightenment: Discovering the World in the Eighteenth Century*, ed. K. Sloan（London, 2003）, pp. 192–201.

16 Robert Ker Porter, *Travels in Georgia, Persia, Armenia, Ancient Babylon*（London, 1822）, vol. ii, pp. 407–8.

17 William Kennett Loftus, *Travels and Researches in Chaldaea and Susiana*（New York, 1857）, p. 116.

18 Peter T. Daniels, 'Rawlinson, Henry ii. Contributions to Assyriology and Iranian Studies', www.iranicaonline.org, 15 December 2009.

19 Kevin J. Cathcart, 'The Earliest Contributions to the Decipherment of Sumerian and Akkadian', *Cuneiform Digital Library Journal*, i（2011）, pp. 1–12.

20 EdwardHincks,'An Attempt to Ascertain the Number,Names,and Powers of the Letters of the Hieroglyphic, or Ancient Egyptian Alphabet; Grounded on the Establishment of a New Principle in the Use of Phonetic Characters. Postscript', *Transactions of the Royal Irish Academy*, xxi（1848）, p. 131.

21 Quoted in Cathcart, 'The Earliest Contributions', p. 4.

第 2 章　苏美尔语的问题

1 Debbie Challis, *The Archaeology of Race: The Eugenic Ideas of Francis*

Galton and Flinders Petrie（London, 2013）.

2 Zainab Bahrani, 'Race and Ethnicity in Mesopotamian Antiquity', *World Archaeology*, xxxviii/1（2006）, pp 48–59.

3 Jules Oppert, 'On Babylon; And On the Discovery of the Cuneiform Characters and the Mode of Interpreting Them', *Transactions of the Historic Society of Lancashire and Cheshire*, viii（1856）, p. 103.

4 Edward Said, *Orientalism*（New York, 1978）, p. 42.

5 Netanel Anor, "Joseph Halévy, Racial Scholarship and the 'Sumerian Problem'", *Philological Encounters*, ii（2017）, pp. 321–45; Jerrold S. Cooper, 'Posing the Sumerian Question: Race and Scholarship in the Early History of Assyriology', *Aula Orientalis*, ix（1991）, pp. 47–66.

6 Joseph Halévy, 'Observations Critiques sur les Prétendus Touraniens de la Babylonie', *Journal Asiatique*, vii/3（1874）, pp. 461–536.

7 David Bindman, *Ape to Apollo: Aesthetics and the Idea of Race in the 18th Century*（New York, 2002）.

8 Otis T. Mason, 'Anthropology in Paris during the Exposition of 1889', *American Anthropologist*, iii（1890）, p. 32.

9 Richard Zettler, 'The University of Pennsylvania 19th Century Excavations at Nippur', www.ottomanlands.com, accessed 13 December 2018.

10 Edgar J. Banks, *Bismya; or, the Lost City of Adab*（New York and

London, 1912）．

11 Karen Wilson, with Jacob Lauinger, Monica Louise Phillips, Benjamin Studevent-Hickman and Aage Westenholz, *Bismaya: Recovering the Lost City of Adab*（Chicago, IL, 2012）．

12 Banks, *The Lost City*, p. 188.

13 Edgar J. Banks, 'The Bismya Temple', *American Journal of Semitic Languages and Literatures*, xx（1905）, p. 34.

14 Edgar J. Banks, 'The Statue of the Sumerian King David', *Scientific American*, xciii/8（1905）, p. 137.

15 Edgar J. Banks, 'The Head of the Oldest Statue of a Semite（Illustrated）', *Open Court*, vi/6（1906）, pp. 378–81.

16 Quoted in Wilson, *Bismaya*, p. 18.

17 Paul Collins and Charles Tripp, eds, *Gertrude Bell and Iraq: A Life and Legacy*（London, 2017）, p. 7.

18 Gertrude Bell, letter to her father, 31 March 1914, https://gertrudebell. ncl. ac.uk, accessed 1 September 2018.

19 Jerrold S. Cooper, 'Sumer, Sumerisch', *Reallexikon der Assyriologie und Vorderasiatischen Archäologie*, xiii（2012）, p. 292. For arguments against, see Ran Zadok, 'The Origin of the Name Shinar', *Zeitschrift für Assyriologie und Vorderasiatische Archäologie*, lxxiv/2（2009）, pp. 240–44.

20　André Parrot, *Sumerian Art*（New York and Toronto, 1970）, pp. 5–6.

第 3 章　入侵，占领和所有权

1　Stephen Langdon, 'Sumerian Origins and Racial Characteristics', *Archaeologia*, lxx（1920）, pp. 149, 150.

2　Henry R. Hall and C. Leonard Woolley, *Ur Excavations*, vol. i: *Al'-Ubaid*（Oxford, 1927）, preface.

3　Henry R. Hall, *A Season's Work at Ur: al-'Ubaid, Abu Shahrain*（*Eridu*）*, and Elsewhere*（London, 1930）, p. vii.

4　Ernest A. Budge, *A Guide to the Babylonian and Assyrian Antiquities*（London, 1922）, p. 57.

5　Ibid, p. 4.

6　Ibid.

7　'The Covenant of the League of Nations', https://avalon.law.yale.edu, accessed 23 January 2019.

8　Hall, *A Season's Work*, p. 73.

9　Magnus T. Bernhardsson, *Reclaiming a Plundered Past: Archaeology and Nation Building in Modern Iraq*（Austin, TX, 2005）, pp. 111–29.

10　British Museum Central Archives, ce32/26/15, letter from Gordon to Kenyon, 10 August 1923.

11 Hall, *A Season's Work*, p. 106.

12 Gertrude Bell, letter to her father, 1 March 1923, https://gertrudebell. ncl. ac.uk, accessed 1 September 2018.

13 Gertrude Bell, letter to her stepmother, 3 March 1926, https:// gertrudebell. ncl.ac.uk, accessed 1 September 2018.

14 C. Leonard Woolley, *Ur Excavations*, vol. ii: *The Royal Cemetery* （London, 1934）, p. 35.

15 Pedro Azara and Marc Marín, 'The Golden Image of Archaeology before the Second World War', in *From Ancient to Modern: Archaeology and Aesthetics*, ed. J. Y. Chi and P. Azara（Princeton, NJ, and Oxford, 2015）, p. 66.

16 C. Leonard Woolley, *Excavations at Ur; A Record of Twelve Years' Work*（London, 1954）, p. 66.

17 Ibid., p. 67.

18 Léon Legrain, 'The Boudoir of Queen Shubad', *Museum Journal*, xx （1929）, p. 238.

19 Ibid.

20 Jean M. Evans, *The Lives of Sumerian Sculpture: An Archaeology of the Early Dynastic Temple*（Cambridge, 2012）, p. 2.

21 Gianni Marchesi, 'Who Was Buried in the Royal Tombs of Ur? The Epigraphic and Textual Data', *Orientalia*, lxxiii（2004）, pp. 153–97.

22 Woolley, *Ur Excavations*, vol. ii, p. 267.

23 Ibid., p. 266.

24 David G. Hogarth, 'Report of the Keeper of Antiquities for the Year 1922', in *Report of the Visitors of the Ashmolean Museum of Art and Archaeology*（Oxford, 1922）, p. 9.

25 Stephen Langdon, *The Weld-Blundell Collection*, vol. ii: *Historical Inscriptions, Containing Principally the Chronological Prism, W-B. 444*（Oxford, 1923）.

26 P.R.S. Moorey, *Kish Excavations, 1923–1933*（Oxford, 1978）, pp. 12–13.

27 Gertrude Bell, letter to her father, 24 March 1924, https://gertrudebell. ncl. ac.uk, accessed 1 September 2018.

28 David C. Davies, 'Unearthing the Past at Kish', *Scientific American*, cxxxviii/3（1928）, pp. 216–18.

29 Arthur Keith, 'Report on the Human Remains', in H. R. Hall and C. Leonard Woolley, *Al-'Ubaid: A Report on the Work Carried Outat Al-'Ubaid for the British Museum in 1919 and for the Joint Expedition in 1922–3*（London, 1927）, p. 216.

30 Stephen Langdon, 'A New Factor in the Problem of Sumerian Origins', *Journal of the Royal Asiatic Society of Great Britain and Ireland*, iii（1931）,

p. 593.

31 C. Leonard Woolley, *The Sumerians* (Oxford, 1928) , p. 6.

32 Ibid., pp. 13, 49.

33 Debbie Challis, 'Skull Triangles: Flinders Petrie, Race Theory and Biometrics', *Bulletin of the History of Archaeology*, xxvi/1 (2016) , www. archaeologybulletin.org.

34 William M. F. Petrie, 'Early Man in Egypt', *Man*, xxv (1925) , p. 129.

35 D. E. Derry, 'The Dynastic Race in Egypt', *Journal of Egyptian Archaeology*, xlii (1956) , pp. 80–86.

36 Stephen Langdon, 'The Aryan Origin of the Alphabet: A Sumer-Aryan Dictionary by L. A. Waddell [Review]', *Scottish Historical Review*, xxv/97 (1927) , p. 53.

37 Quoted by the publisher on the title page of Laurence A. Waddell, *Egyptian Civilization: Its Sumerian Origin and Real Chronology* (London, 1930) .

第 4 章　第一座城市

1 Henri Frankfort, *Archaeology and the Sumerian Problem* (Chicago, IL, 1932) , pp. viii, 1–5, 48–51.

2　Henri Frankfort, *Sculpture of the Third Millennium BC from Tell Asmar and Khafajah*（Chicago, IL, 1939）.

3　For a full discussion, see Jean Evans, *The Lives of Sumerian Sculpture: An Archaeology of the Early Dynastic Temple*（Cambridge, 2012）,pp. 76–106.

4　Ibid., pp. 131–42; Harriet Crawford, "'*Nearer My God to Thee?*'The Relationship between Man and his Gods in Third-millennium BC Mesopotamia", in *Of Pots and Pans: Papers on the Archaeology and History of Mesopotamia and Syria Presented to David Oates in Honour of his 75th Birthday*, ed. L. al-Gailani Werr et al.（London, 2002）,pp. 47–53.

5　Henry Moore, 'Mesopotamian Art', *Listener*, 5 June 1935, pp. 944–6.

6　Evans, *The Lives*, pp. 61–9.

7　Pedro Azara, 'Sumerian Art and Modern Art from Gudea to Miró', *Ancient Near East Today*, v/6（2017）, www.asor.org.

8　Jean M. Evans, 'The Square Temple at Tell Asmar and the Construction of Early Dynastic Mesopotamia, ca. 2900–2350 BCE', *American Journal of Archaeology*, cxi（2007）, pp. 599–632; Evans, *The Lives*, pp. 61–9.

9　Juliette Desplat, 'Decolonising Archaeology in Iraq?', https://blog.nationalarchives.gov.uk, 27 June 2017.

10　Thorkild Jacobsen, 'The Assumed Conflict between Sumerians and Semites in Early Mesopotamian History', *Journal of the American Oriental*

Society, lviii/4（1939）, p. 495.

11 Thorkild Jacobsen, *The Sumerian King List*（Chicago, IL, 1939）, p. 167.

12 Thorkild Jacobsen, 'Primitive Democracy in Ancient Mesopotamia', *Journal of Near Eastern Studies*, ii/3（1943）, pp. 159–72.

13 Thorkild Jacobsen, 'Early Political Development in Mesopotamia', *Zeitschrift für Assyriologie und Vorderasiatische Archäologie*, lii/1（1957）, pp. 91–140.

14 Mario Liverani, trans., *Imagining Babylon: The Modern Story of an Ancient City*（Boston, ma, and Berlin, 2016）, p. 139.

15 Seth Richardson, 'Before Things Worked: A "Low-power" Model of Early Mesopotamia', in *Ancient States and Infrastructural Power: Europe, Asia, and America*, ed. C. Ando and S. Richardson（Philadelphia, pa, 2017）, pp. 17–62.

16 Liverani, *Imagining Babylon*, pp. 104–6.

17 Benjamin R. Foster, 'A New Look at the Sumerian Temple-state', *Journal of the Economic and Social History of the Orient*, xxiv/3（1981）, pp. 225–41.

18 Seton Lloyd, Fuad Safar and H. Frankfort, 'Tell Uqair: Excavations by the Iraq Government Directorate of Antiquities in 1940 and 1941', *Journal of Near Eastern Studies,* ii/2（1943）, pp. 131–58.

19 Naji al-Asil, quoted in James F. Goode, 'Archaeology and Politics in Iraq', in *Assyrian Reliefs from the Palace of Ashurnasirpal II: A Cultural Biography*, ed. A. Cohen and S. E. Kangas（Hanover, NH, and London, 2010）, p. 114.

20 Goode, 'Archaeology and Politics', p. 114.

21 Kanan Makiya and Samir Khalil, *The Monument: Art and Vulgarity in Saddam Hussein's Iraq*（London, 2004）, p. 81.

22 Ahmed Naji, *Under the Palm Trees: Modern Iraqi Art with Mohamed Makiya and Jewad Selim*（New York, 2019）.

23 Samuel N. Kramer, *Sumerian Mythology: A Study of Spiritual and Literary Achievement in the Third Millennium BC*（Philadelphia, pa, 1944）.

24 Samuel N. Kramer, *The Sacred Marriage Rite: Aspects of Faith, Myth and Ritual in Ancient Sumer*（Bloomington, IN, 1969）, p. 49.

25 Sidney Smith, 'Assyriological Notes: A Babylonian Fertility Cult', *Journal of the Royal Asiatic Society of Great Britain and Ireland*, iv（1928）, pp. 849–75.

26 Elizabeth Douglas Van Buren, 'The Sacred Marriage in Early Times in Mesopotamia', *Orientalia*, xiii（1944）, p. 15.

27 Naomi F. Miller, Philip H. Jones and Holly Pittman, 'Sign and Image: Representations of Plants on the Warka Vase of Early Mesopotamia', *Origini*, xxxix（2016）, pp. 53–73.

28　Irene J. Winter, 'Representing Abundance: A Visual Dimension of the Agrarian State', in *Settlement and Society: Essays Dedicated to Robert McCormick Adams*, ed. E. C. Stone（Los Angeles, CA, 2006）, pp. 117–38.

29　Jerrold Cooper, 'Sacred Marriage and Popular Cult in Early Mesopotamia', in *Official Cult and Popular Religion in the Ancient Near East*, ed. E. Matsushima（Heidelberg, 1993）, pp. 81–96.

30　Jerrold Cooper, 'Sex and the Temple', in *Temple im Alten Orient*, ed. K. Kaniuth et al.（Wiesbaden, 2013）, pp. 49–57.

31　Irene J. Winter, 'Women in Public: The Disk of Enheduanna, the Beginning of the Office of en-Priestess, and the Weight of Visual Evidence', in *La Femme dans le proche orient antique. Proceedings of the Rencontre Assyriologique Internationale, Paris, July, 1986*, ed. J. M. Durand（Paris, 1987）, pp. 189–201.

32　Jeremy A. Black et al., 'The Exaltation of Inana: Translation', www. etcsl. orient.ox.ac.uk, accessed 13 July 2018.

33　Marta Weigle, 'Women as Verbal Artists: Reclaiming the Sisters of Enheduanna', *Frontiers: A Journal of Women Studies*, iii/3（1978）, pp. 1–9.

34　Jerrold S. Cooper, 'Review of Inanna: Queen of Heaven and Earth by Diane Wolkstein and Samuel Noah Kramer', *Biblical Archaeologist*, xl/3（1984）, pp. 188–9.

35 Betty De Shong Meador, *Inanna Lady of Largest Heart: Poems of the Sumerian High Priestess Enheduanna*（Austin, TX, 2000）.

36 Ignace J. Gelb, *Thoughts about Ibla*（Malibu, CA, 1977）.

37 Robert D. Biggs and Donald P. Hansen, *Inscriptions from Tell Abu Salabikh*（Chicago, IL, 1974）.

38 Ignace J. Gelb, 'Ancient Society and Economy', in *The Oriental Institute 1983–1984 Annual Report*（Chicago, IL, 1985）, pp. 39–40.

39 Benno Landsberger, *Three Essays on the Sumerians*（Los Angeles, CA, 1974）. Arkadiusz Sołtysiak, "Physical Anthropology and the 'Sumerian Problem'", *Studies in Historical Anthropology*, iv（2006）, pp. 145–58.

40 Gonzalo Rubio, "On the Alleged 'Pre-Sumerian Substratum'", *Journal of Cuneiform Studies*, li（1999）, pp. 1–16.

41 Josif S. Shklovskii and Carl Sagan, *Intelligent Life in the Universe*（San Francisco, CA, 1966）, p. 461.

42 'Has NASA Accidentally Found an Ancient Sumerian Statue on the Surface of Mars?', *Ancient Code*, www.ancient-code.com, accessed 15 November 2018.

43 Katie Forster, 'Iraqi Transport Minister Claims First Airport Was Built 7,000 Years Ago in Iraq by Ancient Sumerians', www.independent.co.uk, 1 October 2016.

44 Nicole Brisch, 'Anunna（Anunnaku, Anunnaki）（A Group of Gods）',
Ancient Mesopotamian Gods and Goddesses, www.oracc.museum.upenn. edu,
2016.

45 Sarah E.Bond,'Pseudoarchaeology and the Racism behind Ancient
Aliens', *Hyperallergic*, https://hyperallergic.com, accessed 13 November 2018.

第 5 章 最早的文字

1 Jerrold S. Cooper, 'Was Uruk the First Sumerian City?', in *Not Only
History: Proceedings of the Conference in Honor of Mario Liverani Held in
Sapienza – Università di Roma, Dipartimento di Scienze dell'Antichità*, 20–21
April 2009, ed. G. Bartoloni and M. G. Biga（Winona Lake, IN, 2016）, p. 56.

2 James F. Goode, 'Archaeology and Politics in Iraq', in *Assyrian Reliefs
from the Palace of Ashurnasirpal ii: A Cultural Biography*, ed. A. Cohen and S. E.
Kangas（Hanover, NH, and London, 2010）, p. 117.

3 Ibid., p. 119.

4 John Curtis et al., 'An Assessment of Archaeological Sites in June 2008:
An Iraqi-British Project', *Iraq*, lxx（2008）, p. 221.

5 Neil Brodie, 'The Plunder of Iraq's Archaeological Heritage, 1991–
2005, and the London Antiquities Trade', in *Archaeology, Cultural Heritage and
the Antiquities Trade*, ed. N. Brodie et al.（Gainesville, FL, 2006）, p. 206.

6 Jean Evans, *The Lives of Sumerian Sculpture: An Archaeology of the Early Dynastic Temple* (Cambridge, 2012) , p. 40.

7 Heather Sharp, "Iraq's 'Devastated' Marsh Arabs", http://news.bbc. co.uk, 3 March 2003.

8 Robert McCormick Adams, *The Evolution of Urban Society: Early Mesopotamia and Prehispanic Mexico* (New Brunswick, NJ, and London, 1966) ; Robert McCormick Adams, *Heartland of Cities: Surveys of Ancient Settlement and Land Use on the Central Floodplain of the Euphrates* (Chicago, IL, 1981) .

9 Jennifer R. Pournelle, 'Physical Geography', in *The Sumerian World*, ed. H. Crawford (London, 2012) , p. 19.

10 Mark Altaweel et al., 'New Insights on the Role of Environmental Dynamics Shaping Southern Mesopotamia: From the Pre-Ubaid to the Early Islamic Period', *Iraq*, lxxxi (December 2019) , pp. 23–46.

11 Pournell, 'Physical Geography', p. 19.

12 Ibid., p. 23.

13 Joan Oates, 'Ur and Eridu: The Prehistory', *Iraq*, xxii (1960) , pp. 44–50.

14 Elizabeth C. Stone and Paul Zimansky, 'The Tapestry of Power in a Mesopotamian City', *Scientific American*, xv/1 (2005) , pp. 62–7.

15 Joan Oates et al., 'Early Mesopotamian Urbanism: A New View from the North', *Antiquity*, lxxxi/313（2007）, pp. 585–600.

16 Augusta McMahon and Adam Stone, 'The Edge of the City: Urban Growth and Burial Space in 4th Millennium BC Mesopotamia', *Origini*, xxxv（2013）, pp. 83–109.

17 Augusta McMahon, 'State Warfare and Pre-state Violent Conflict: Battle's Aftermath at Late Chalcolithic Tell Brak', in *Preludes to Urbanism: The Late Chalcolithic of Mesopotamia*, ed. A. McMahon and H. Crawford（Cambridge, 2015）, pp. 175–88.

18 Guillermo *Algaze, Ancient Mesopotamia at the Dawn of Civilization: The Evolution of an Urban Landscape*（Chicago, IL, 2008）.

19 Gil Stein, 'Economic Dominance, Conquest, or Interaction among Equals? Theoretical Models for Understanding Culture Contact in Early Near Eastern Complex Societies', in *Proceedings of the 4th Iranian Archaeologists Conference, Tehran University*, ed. H. Azizi, M. Khanipoor and R. Naseri（Tehran, 2014）, p. 56.

20 Roger Matthews and Amy Richardson, 'Cultic Resilience and Inter-city Engagement at the Dawn of Urban History: Prehistoric Mesopotamia and the "City Seals", 3200–2750 BC', *World Archaeology*, 24 April 2019, http://centaur.reading.ac.uk.

21 Ignace J. Gelb, Piotr Steinkeller and Robert M. Whiting, Jr, *Earliest Land Tenure Systems in the Near East: Ancient Kudurrus* (Chicago, IL, 1991), pp. 39–43.

22 Giacomo Benati, "New Light on the Early Archives from Ur: The 'Ancient Room' Tablet Hoard", in *Proceedings of the 9th International Congress on the Archaeology of the Ancient Near East: June 9–13, 2014, University of Basel,* ed. R. A. Stucky, O. Kaelin and H.-P. Mathys (Wiesbaden, 2016), pp. 13–30.

23 Jeremy A. Black et al., 'The Kesh Temple Hymn: Translation', http://etcsl. orinst.ox.ac.uk (1998–2006), lines 31–4 and 106–26.

24 Jerrold S. Cooper, *Preseargonic Inscriptions* (New Haven, CT, 1986), pp. 22–3.

25 Jeremy A. Black et al., 'The Building of Ningirsu's Temple (Gudea, Cylinder A and B) ', http://etcsl.orinst.ox.ac.uk (1998–2006), lines 563–5.

26 Ibid., lines 602–10.

27 Irene J. Winter, "After the Battle Is Over: The 'Stele of the Vultures' and the Beginning of Historical Narrative in the Art of the Ancient Near East", *Studies in the History of Art,* xvi (1985), pp. 11–32.

28 Pinhas Delougaz, Harold Hill and Seton Lloyd, *Private Houses and Graves in the Diyala Region* (Chicago, IL, 1967), p. 153.

29 Susan Pollock, *Ancient Mesopotamia* (Cambridge, 1999) , pp. 123–34.

30 Andrew Cohen, *Death Rituals, Ideology, and the Development of Early Mesopotamian Kingship: Toward a New Understanding of Iraq's Royal Cemetery of Ur* (Leiden, 2005) .

31 Nicholas J. Postgate, *Early Mesopotamia: Society and Economy at the Dawn of History* (London, 1992) , p. 99.

32 Augusta McMahon, 'Trash and Toilets in Mesopotamia: Sanitation and Early Urbanism', *ANE Today*, iv/4 (2016) , www.asor.org.

33 Edward Ochsenschlager, *Iraq's Marsh Arabs in the Garden of Eden* (Philadelphia, PA, 2004) , p. 165.

34 Edward Ochsenschlager, 'Life on the Edge of the Marshes', *Expedition*, XL/2 (1998) , p. 29.

35 Jerrold S. Cooper, 'Sumer, Sumerisch', *Reallexikon der Assyriologie und Vorderasiatischen Archäologie*, xiii (2012) , p. 292.

36 Ibid., p. 293.

37 Joan Goodnick Westenholz, *Legends of the Kings of Akkade* (Winona Lake, IN, 1997) .

38 Marc Van De Mieroop, *A History of the Ancient Near East ca. 3000–323 BC* (Malden, MA, and Oxford, 2015) , p. 89.

39 Jacob L. Dahl, 'The Proto-Elamite Writing System', in *The Elamite*

World, ed. J. Álvarez-Mon, G. P. Basello and Y. Wicks（London and New York, 2018）, pp. 383–96.

40 Javier Álvarez-Mon, 'Elam, Iran's First Empire', in *A Companion to the Archaeology of the Ancient Near East*, ed. D. T Potts（Oxford, 2012）, p. 741.

41 Daniel T. Potts, *The Archaeology of Elam: Formation and Transformation of an Ancient Iranian State*（Cambridge, 1999）, p. 89.

42 Donald P. Hansen, 'Art of the Royal Tombs of Ur: A Brief Interpretation', in *Treasures from the Royal Tombs of Ur*, ed. R. L. Zettler and L. Horne（Philadelphia, PA, 1998）, pp. 54–7.

43 Jerrold S.Cooper,'Sumerian Literature and Sumerian Identity', in *Problems of Canonicity and Identity Formation in Ancient Egypt and Mesopotamia,* ed. K. Ryholt and G. Barjamovic（Copenhagen, 2016）, pp. 2–3.

44 Christopher Woods, 'Bilingualism, Scribal Learning, and the Death of Sumerian', in *Margins of Writing, Origins of Cultures*, ed. S. L. Sanders（Chicago, IL, 2006）, pp. 91–120; Gonzalo Rubio, 'From Sumer to Babylonia: Topics in the History of Southern Mesopotamia', in *Current Issues in the History of the Ancient Near East*, ed. M. W. Chavalas（Claremont, CA, 2007）, pp. 8–9.

45 Gonzalo Rubio, 'Šulgi and the Death of Sumerian', in *Studies in Sumerian Literature*, ed. P. Michałowski and N. Veldhuis（Leiden, 2006）, pp. 167–79.

46　Jeremy A. Black et al., 'A Praise Poem of Shulgi（Shulgi B）: Translation', http://etcsl.orinst.ox.ac.uk, lines 209–10.

47　Ibid., lines 4–5.

48　Ibid., lines 14–15.

49　Piotr Michałowski, 'Epics, Hymns, and Letters', www.personal. umich. edu, accessed 3 July 2019; Christopher Woods, 'Sons of the Sun: The Mythological Foundations of the First Dynasty of Uruk', *Journal of Ancient Near Eastern Religions*, xii（2012）, pp. 78–96.

50　Jeremy A. Black et al., 'Gilgamesh and the Bull of Heaven', http:// etcsl. orinst.ox.ac.uk, lines 56–62.

51　Jeanny V. Canby, *The 'Ur-Nammu' Stela*（Philadelphia, PA, 2006）. For the attribution to Shulgi, see Irene J. Winter, 'The Stela and the State: Monuments and Politics in Ancient Mesopotamia', www.youtube.com, 12 December 2016.

52　Jeremy A. Black et al., 'The Lament for Sumer and Urim', http://etcsl. orinst.ox.ac.uk, lines 32–5.

53　Douglas R. Frayne, 'New Light on the Reign of Ishme-Dagan', *Zeitschrift für Assyriologie*, lxxxviii（1998）, pp. 6–44.

54　Brigitte Lion, 'Literacy and Gender', in *The Oxford Handbook of Cuneiform Culture*, ed. K. Radner and E. Robson（Oxford, 2011）, pp. 98–100.

55 Gonzalo Rubio, 'Sumerian Literature', in *From an Antique Land*, ed. C. S. Ehrlich（Lanham, MD, 2009）, pp. 39–40.

56 Ibid., pp. 31–2.

57 Cooper, 'Sumerian Literature', p. 11.

第 6 章　回到原点

1 McGuire Gibson, 'Nippur, Sacred City of Enlil, Supreme God of Sumer and Akkad', *Al-Rafidan*, xiv（1993）, pp. 1–18.

2 Michael Roaf, 'Survivals and Revivals in the Art of Ancient Mesopotamia', in *Proceedings of the First International Congress on the Archaeology of the Ancient Near East,* ed. P. Mattiae et al.（Rome, 2000）, pp. 1447–62.

3 Barbara N. Porter, 'Ritual and Politics in Assyria: Neo-Assyrian Kanephoric Stelai for Babylonia', in *XAPIΣ: Essays in Honor of Sara A. Immerwahr*, ed. A. P. Chapin（Princeton, NJ, 2004）, pp. 259–74.

4 Natalie Naomi May, '"I Read the Inscriptions from before the Flood ..." Neo-Sumerian Influences in Ashurbanipal's Royal Self-image", in *Time and History in the Ancient Near East: Proceedings of the 56th Rencontre Assyriologique Internationale at Barcelona 26–30 July 2010*, ed. L. Feliu et al.（Winona Lake, IN, 2013）, pp. 199–210.

5 Alasdair Livingstone, 'Ashurbanipal: Literate or Not?', *Zeitschrift für Assyriologie und Vorderasiatische Archäologie*, xcvi（2007）, p. 100.

6 Zainab Bahrani, 'Archaeology and the Strategies of War', in *Cultural Cleansing in Iraq: Why Museums Were Looted, Libraries Burned and Academics Murdered*, ed. R. W. Baker, S. T. Ismail and T. Y. Ismail（London, 2010）, pp. 67–81.

7 Hiwa Shilani, 'British Museum Hands Over Recently Plundered Artifacts to Iraq', www.kurdistan24.net, accessed 31 August 2019; Neil Brodie, 'The Market in Iraqi Antiquities 1980–2008', in *Organised Crime in Art and Antiquities*, ed. S. Manacorda（Milan, 2009）, pp. 63–74.

8 'The Ahwar of Southern Iraq: Refuge of Biodiversity and the Relict Landscape of the Mesopotamian Cities', http://whc.unesco.org, accessed 13 July 2019.

9 Hannah Lewis, 'Safina Projects on the Revival of Iraqi Watercraft Heritage', www.blogs.ucl.ac.uk, 11 June 2019.

10 Jerrold S. Cooper, '"I Have Forgotten my Burden from Former Days!" Forgetting the Sumerians in Ancient Iraq", *Journal of the American Oriental Society*, cxxx/3（2010）, p. 331.

11 Ibid., p. 332.

12 Aubrey Baadsgaard et al., 'Human Sacrifice and Intentional Corpse Preservation in the Royal Cemetery of Ur', *Antiquity*, lxxxv（2011）, pp. 27–42.

参考书目

Adams, Robert McCormick, *The Evolution of Urban Society: Early Mesopotamia and Prehispanic Mexico* (New Brunswick, NJ, and London, 1966) .

—, *Heartland of Cities: Surveys of Ancient Settlement and Land Use on the Central Floodplain of the Euphrates* (Chicago, IL, 1981) .

Adler, Marcus N., *The Itinerary of Benjamin of Tudela: Critical Text, Translation and Commentary* (New York, 1907) .

Algaze, Guillermo, *Ancient Mesopotamia at the Dawn of Civilization: The Evolution of an Urban Landscape* (Chicago, IL, 2008) .

Altaweel, Mark, et al., 'New Insights on the Role of Environmental Dynamics Shaping Southern Mesopotamia: From the Pre-Ubaid to the Early Islamic Period', *Iraq*, lxxxi (December 2019) , pp. 23–46 .

Álvarez-Mon, Javier, 'Elam, Iran's First Empire', in *A Companion to the Archaeology of the Ancient Near East*, ed. D. T. Potts (Oxford, 2012) , pp. 740–57 .

Anor, Netanel, "Joseph Halévy, Racial Scholarship and the 'Sumerian Problem'", *Philological Encounters*, ii（2017）, pp. 321–45 .

Azara, Pedro, 'Sumerian Art and Modern Art from Gudea to Miró', *Ancient Near East Today*, v/6（2017）, www.asor.org .

—, and Marc Marín, 'The Golden Image of Archaeology before the Second World War', in *From Ancient to Modern: Archaeology and Aesthetics*, ed. J. Y. Chi and P. Azara（Princeton, NJ, and Oxford, 2015）, pp. 55–85 .

Baadsgaard, Aubrey, et al., 'Human Sacrifice and Intentional Corpse Preservation in the Royal Cemetery of Ur', *Antiquity*, lxxxv（2011）, pp. 27–42 .

Bahrani, Zainab, 'Race and Ethnicity in Mesopotamian Antiquity', *World Archaeology*, xxxviii/1（2006）, pp. 48–59 .

—, 'Archaeology and the Strategies of War', in *Cultural Cleansing in Iraq: Why Museums Were Looted, Libraries Burned and Academics Murdered*, ed. R. W. Baker, S. T. Ismail and T. Y. Ismail（London, 2010）, pp. 67–81 .

Banks, Edgar J., 'The Bismya Temple', *American Journal of Semitic Languages and Literatures*, xx（1905）, pp. 29–34 .

—, 'The Statue of the Sumerian King David', *Scientific American*, xciii/8（1905）, p. 137 .

—, 'The Head of the Oldest Statue of a Semite（Illustrated）', *Open*

Court, vi/6（1906）, pp. 378–81 .

—, *Bismya, or the Lost City of Adab*（New York and London, 1912）Bell, Gertrude, letters, https://gertrudebell.ncl.ac.uk, 2014, Newcastle University.

Benati, Giacomo, "New Light on the Early Archives from Ur: The 'Ancient Room' Tablet Hoard", in *Proceedings of the 9th International Congress on the Archaeology of the Ancient Near East: June 9–13, 2014, University of Basel*, ed. R. A. Stucky, O. Kaelin and H.-P. Mathys（Wiesbaden, 2016）, pp. 13–30 .

Bernhardsson, Magnus T., *Reclaiming a Plundered Past: Archaeology and Nation Building in Modern Iraq*（Austin, TX, 2005）.

Biggs, Robert D., and Donald P. Hansen, *Inscriptions from Tell Abu Salabikh*（Chicago, IL, 1974）.

Bindman, David, *Ape to Apollo: Aesthetics and the Idea of Race in the 18th Century*（New York, 2002）.

Black, Jeremy A., et al., *The Electronic Text Corpus of Sumerian Literature*, http://etcsl.orinst.ox.ac.uk（1998–2006）.

Bohrer, Frederick N., *Orientalism and Visual Culture: Imagining Mesopotamia in Nineteenth-century Europe*（Cambridge, 2003）.

Bond, Sarah E., 'Pseudoarchaeology and the Racism behind Ancient Aliens', *Hyperallergic*, https://hyperallergic.com, accessed 13 November 2018 .

Brisch, Nicole, 'Anunna（Anunnaku, Anunnaki）（A Group of Gods）',

Ancient Mesopotamian Gods and Goddesses, http://oracc.museum.upenn.edu（2016）.

Brodie, Neil, 'The Plunder of Iraq's Archaeological Heritage, 1991–2005, and the London Antiquities Trade', in *Archaeology, Cultural Heritage and the Antiquities Trade*, ed. N. Brodie et al.（Gainesville, FL, 2006）, pp. 206–26 .

—, 'The Market in Iraqi Antiquities 1980–2008', in *Organised Crime in Art and Antiquities*, ed. S. Manacorda（Milan, 2009）, pp. 63–74 .

Bruyn, Cornelis de, *Voyages de Corneille Le Brun par La Moscovie, en Perse, et aux Indes Orientales*（Amsterdam, 1718）.

Budge, Ernest A., *A Guide to the Babylonian and Assyrian Antiquities*（London, 1922）.

Cathcart, Kevin J., 'The Earliest Contributions to the Decipherment of Sumerian and Akkadian', *Cuneiform Digital Library Journal*, i（2011）, pp. 1–12 .

Challis, Debbie, *The Archaeology of Race: The Eugenic Ideas of Francis Galton and Flinders Petrie*（London, 2013）.

—, 'Skull Triangles: Flinders Petrie, Race Theory and Biometrics', *Bulletin of the History of Archaeology*, xxvi/1（2016）, www.archaeologybulletin.org .

Cohen, Andrew, *Death Rituals, Ideology, and the Development of Early Mesopotamian Kingship: Toward a New Understanding of Iraq's Royal Cemetery of Ur*（Leiden, 2005）.

Collins, Paul, and Charles Tripp, eds, *Gertrude Bell and Iraq: A Life and Legacy*（London, 2017）.

Cooper, Jerrold S., 'Review of Inanna: Queen of Heaven and Earth by Diane Wolkstein and Samuel Noah Kramer', *Biblical Archaeologist*, xl/3（1984）, pp. 188–9.

—, *Preseargonic Inscriptions*（New Haven, CT, 1986）, pp. 22–3.

—, 'Posing the Sumerian Question: Race and Scholarship in the Early History of Assyriology', *Aula Orientalis*, ix（1991）, pp. 47–66.

—, 'Sacred Marriage and Popular Cult in Early Mesopotamia', in *Official Cult and Popular Religion in the Ancient Near East*, ed. E. Matsushima（Heidelberg, 1993）, pp. 81–96.

—, '"I Have Forgotten my Burden from Former Days!' Forgetting the Sumerians in Ancient Iraq", *Journal of the American Oriental Society*, cxxx/3（2010）, pp. 327–35.

—, 'Sumer, Sumerisch', *Reallexikon der Assyriologie und Vorderasiatischen Archäologie*, xiii（2012）, pp. 291–7.

—, 'Sex and the Temple', in *Temple im Alten Orient*, ed. K. Kaniuth et al.（Wiesbaden, 2013）, pp. 49–57.

—, 'Was Uruk the First Sumerian City?', in *Not Only History: Proceedings of the Conference in Honor of Mario Liverani Held in Sapienza – Università di*

Roma, Dipartimento di Scienze dell' Antichità, 20–21 April 2009, ed G. Bartoloni and M. G. Biga（Winona Lake, IN, 2016）, pp. 53–6 .

—, 'Sumerian Literature and Sumerian Identity', in *Problems of Canonicity and Identity Formation in Ancient Egypt and Mesopotamia*, ed. K. Ryholt and G. Barjamovic（Copenhagen, 2016）, pp 1–18 .

Crawford, Harriet, '"Nearer My God to Thee?' The Relationship between Man and his Gods in Third-millennium BC Mesopotamia", in *Of Pots and Pans: Papers on the Archaeology and History of Mesopotamia and Syria Presented to David Oates in Honour of his 75th Birthday*, ed. L. al-Gailani Werr et al.（London, 2002）, pp. 47–53 .

Curtis, John, et al., 'An Assessment of Archaeological Sites in June 2008: An Iraqi-British Project', *Iraq*, lxx（2008）, pp. 215–37 .

Dahl, Jacob L., 'The Proto-Elamite Writing System', in *The Elamite World*, ed.J. Álvarez-Mon, G. P. Basello and Y. Wicks（London and New York, 2018）, pp. 383–96 .

Dalrymple, William, *The Anarchy: The Relentless Rise of the East India Company*（London and Oxford, 2019）.

Daniels, Peter T., 'Rawlinson, Henry ii. Contributions to Assyriology and Iranian Studies', www.iranicaonline.org, 15 December 2009 .

Davies, David C., 'Unearthing the Past at Kish', *Scientific American*, cxxxviii/3（1928），pp. 216–18.

De Shong Meador, Betty, *Inanna Lady of Largest Heart: Poems of the Sumerian High Priestess Enheduanna*（Austin, TX, 2000）.

Della Valle, Pietro, George Havers and Thomas Roe, *The Travels of Sig. Pietro della Valle, a Noble Roman, into East-India and Arabia Deserta in Which, the Several Countries, Together with the Customs, Manners, Traffique, and Rites Both Religious and Civil, of Those Oriental Princes and Nations, Are Faithfully Described : In Familiar Letters to his Friend Signior Mario Schipano: Whereunto Is Added a Relation of Sir Thomas Roe's Voyage into the East-Indies*（London, 1665）.

Delougaz, Pinhas, Harold Hill and Seton Lloyd, *Private Houses and Graves in the Diyala Region*（Chicago, IL, 1967）.

Derry, D. E., 'The Dynastic Race in Egypt', *Journal of Egyptian Archaeology*, xlii（1956），pp. 80–86.

Desplat, Juliette, 'Decolonising Archaeology in Iraq?', https://blog.nationalarchives.gov.uk, 27 June 2017.

Erikson, Emily, *Between Monopoly and Free Trade: The English East India Company, 1600–1757*（Princeton, NJ, 2014）.

Evans, Jean M., 'The Square Temple at Tell Asmar and the Construction of Early Dynastic Mesopotamia, CA. 2900–2350 BCE', *American Journal of*

Archaeology, cxi（2007）, pp. 599–632 .

—, *The Lives of Sumerian Sculpture: An Archaeology of the Early Dynastic Temple*（Cambridge, 2012）.

Finkel, Irving, 'The Decipherment of Achaemenid Cuneiform', in *Forgotten Empire: The World of Ancient Persia*, ed. J. Curtis and N. Tallis（London, 2005）, pp. 25–9 .

Forster, Katie, 'Iraqi Transport Minister Claims First Airport Was Built 7,000 Years Ago in Iraq by Ancient Sumerians', www.independent.co.uk,1 October 2016 .

Foster, Benjamin R., 'A New Look at the Sumerian Temple-state', *Journal of the Economic and Social History of the Orient*, xxiv/3（1981）, pp. 225–41 .

Frankfort, Henri, *Archaeology and the Sumerian Problem*（Chicago, IL, 1932）.

—, *Sculpture of the Third Millennium BC from Tell Asmar and Khafajah*（Chicago, IL, 1939）.

Frayne, Douglas R., 'New Light on the Reign of Ishme-Dagan', *Zeitschrift für Assyriologie*, lxxxviii（1998）, pp. 6–44.

Gelb, Ignace J., *Thoughts about Ibla*（Malibu, CA, 1977）.

—, 'Ancient Society and Economy', in *The Oriental Institute 1983–1984 Annual Report*（Chicago, IL, 1985）, pp. 39–40.

—, Piotr Steinkeller and Robert M. Whiting, Jr, *Earliest Land Tenure Systems in the Near East: Ancient Kudurrus* (Chicago, IL, 1991) .

Gibson, McGuire, 'Nippur, Sacred City of Enlil, Supreme God of Sumer and Akkad', *Al-Rafidan*, xiv (1993) , pp. 1–18.

Goode, James F., 'Archaeology and Politics in Iraq', in *Assyrian Reliefs from the Palace of Ashurnasirpal II: A Cultural Biography*, ed. A. Cohen and S. E. Kangas (Hanover, nh, and London, 2010) , pp. 107–23 .

Halévy, Joseph, 'Observations Critiques sur les Prétendus Touraniens de la Babylonie', *Journal Asiatique*, vii/3 (1874) , pp. 461–536.

Hall, Henry R., *A Season's Work at Ur: al-'Ubaid, Abu Shahrain* (Eridu) *, and Elsewhere* (London, 1930) .

—, and C. Leonard Woolley, *Ur Excavations*, vol. I: *Al'-Ubaid* (Oxford, 1927) , preface.

Hansen, Donald P., 'Art of the Royal Tombs of Ur: A Brief Interpretation', in *Treasures from the Royal Tombs of Ur*, ed. R. L. Zettler and L. Horne (Philadelphia, PA, 1998) , pp. 43–72 .

Hincks, Edward, 'An Attempt to Ascertain the Number, Names, and Powers of the Letters of the Hieroglyphic, or Ancient Egyptian Alphabet; Grounded on the Establishment of a New Principle in the Use of Phonetic Characters. Postscript', *Transactions of the Royal Irish Academy*, xxi (1848) , p. 131 .

Hogarth, David G., 'Report of the Keeper of Antiquities for the Year 1922', in *Report of the Visitors of the Ashmolean Museum of Art and Archaeology* (Oxford, 1922) , pp. 1–14.

Jacobsen, Thorkild, 'The Assumed Conflict between Sumerians and Semites in Early Mesopotamian History', *Journal of the American Oriental Society*, lviii/4 (1939) , pp. 485–95.

—, *The Sumerian King List* (Chicago, IL, 1939) .

—, 'Primitive Democracy in Ancient Mesopotamia', *Journal of Near Eastern Studies*, ii/3 (1943) , pp. 159–72.

—, 'Early Political Development in Mesopotamia', *Zeitschrift für Assyriologie und Vorderasiatische Archäologie*, lii/1 (1957) , pp. 91–140.

Keith, Arthur, 'Report on the Human Remains', in H. R. Hall and C. Leonard Woolley, *Al-'Ubaid: A Report on the Work Carried Out at Al-'Ubaid for the British Museum in 1919 and for the Joint Expedition in 1922–3* (London, 1927) , pp. 214–40 .

Kramer, Samuel N., *Sumerian Mythology: A Study of Spiritual and Literary Achievement in the Third Millennium BC* (Philadelphia, PA, 1944) .

—, *The Sumerians: Their History, Culture, and Character* (Chicago, IL, 1963) .

—, *The Sacred Marriage Rite: Aspects of Faith, Myth and Ritual in*

Ancient Sumer（Bloomington, IN, 1969）.

Landsberger, Benno, *Three Essays on the Sumerians*（Los Angeles, CA, 1974）

Langdon, Stephen, 'Sumerian Origins and Racial Characteristics', *Archaeologia*, lxx（1920）, pp. 145–54.

—, *The Weld-Blundell Collection*, vol. ii: *Historical Inscriptions, Containing Principally the Chronological Prism, W-B. 444*（Oxford, 1923）.

—, 'A New Factor in the Problem of Sumerian Origins', *Journal of the Royal Asiatic Society of Great Britain and Ireland*, iii（1931）, pp. 593–6.

Legrain, Léon, 'The Boudoir of Queen Shubad', *Museum Journal*, xx（1929）, pp. 211–45.

Lewis, Hannah, 'Safina Projects on the Revival of Iraqi Watercraft Heritage', www.blogs.ucl.ac.uk, 11 June 2019.

Lion, Brigitte, 'Literacy and Gender', in *The Oxford Handbook of Cuneiform Culture*, ed. K. Radner and E. Robson（Oxford, 2011）, pp. 90–112.

Liverani, Mario, trans., *Imagining Babylon: The Modern Story of an Ancient City*（Boston, MA, and Berlin, 2016）.

Livingstone, Alasdair, 'Ashurbanipal: Literate or Not?', *Zeitschrift für Assyriologie und Vorderasiatische Archäologie*, xcvi（2007）, pp. 98–118.

Lloyd, Seton, Fuad Safar and H. Frankfort, 'Tell Uqair: Excavations by the Iraq Government Directorate of Antiquities in 1940 and 1941', *Journal of Near*

Eastern Studies, ii/2（1943）, pp. 131–58.

Loftus, William Kennett, *Travels and Researches in Chaldaea and Susiana*（New York, 1857）.

McMahon, Augusta, 'State Warfare and Pre-state Violent Conflict: Battle's Aftermath at Late Chalcolithic Tell Brak', in *Preludes to Urbanism:The Late Chalcolithic of Mesopotamia*, ed. A. McMahon and H. Crawford（Cambridge, 2015）, pp. 175–88.

—, 'Trash and Toilets in Mesopotamia: Sanitation and Early Urbanism, *ANE Today*, iv/4（2016）, www.asor.org.

—, and Adam Stone, 'The Edge of the City: Urban Growth and Burial Space in 4th Millennium BC Mesopotamia', *Origini*, xxxv（2013）, pp. 83–109.

Makiya, Kanan, and Samir Khalil, *The Monument: Art and Vulgarity in Saddam Hussein's Iraq*（London, 2004）.

Marchesi, Gianni, 'Who Was Buried in the Royal Tombs of Ur? The Epigraphic and Textual Data', *Orientalia*, lxxiii（2004）, pp. 153–97.

Mason, Otis T., 'Anthropology in Paris during the Exposition of 1889', *American Anthropologist*, iii（1890）, pp. 27–36.

Matthews, Roger, and Amy Richardson, 'Cultic Resilience and Inter-city Engagement at the Dawn of Urban History: Prehistoric Mesopotamia and the "City Seals", 3200–2750 BC', *World Archaeology*, 24 April 2019, http:// centaur.reading.ac.uk.

May, Natalie Naomi, "'I Read the Inscriptions from before the Flood...' Neo-Sumerian Influences in Ashurbanipal's Royal Self-Image", in *Time and History in the Ancient Near East: Proceedings of the 56th Rencontre Assyriologique Internationale at Barcelona 26–30 July 2010*, ed. L. Feliu et al. （Winona Lake, IN, 2013）, pp. 199–210.

Michałowski, Piotr, 'History as Charter: Some Observations on the Sumerian King List', *Journal of the American Oriental Society*, ciii（1983）, pp. 237–48.

—, 'Epics, Hymns, and Letters', www.personal.umich.edu, accessed 3 July 2019 Miles, Richard, *Ancient Worlds: The Search for the Origins of Western Civilization*（London, 2010）.

Miller, Naomi F., Philip H. Jones and Holly Pittman, 'Sign and Image: Representations of Plants on the Warka Vase of Early Mesopotamia', *Origini*, xxxix（2016）, pp. 53–73.

Moore, Henry, 'Mesopotamian Art', *Listener*, 5 June 1935, pp. 944–6.

Moorey, P.R.S., *Kish Excavations, 1923–1933*（Oxford, 1978）.

Naji, Ahmed, *Under the Palm Trees: Modern Iraqi Art with Mohamed Makiya and Jewad Selim*（New York, 2019）.

Oates, Joan, 'Ur and Eridu: The Prehistory', *Iraq*, xxii（1960）, pp. 32–50.

—, et al., 'Early Mesopotamian Urbanism: A New View from the North', *Antiquity*, lxxxi/313（2007）, pp. 585–600.

Ochsenschlager, Edward, 'Life on the Edge of the Marshes', *Expedition*, xl/2（1998）, pp. 29–39.

—, *Iraq's Marsh Arabs in the Garden of Eden*（Philadelphia, PA, 2004）.

Oppert, Jules, 'On Babylon; and on the Discovery of the Cuneiform Characters and the Mode of Interpreting Them', *Transactions of the Historic Society of Lancashire and Cheshire*, viii（1856）, pp. 93–108.

Parrot, André, *Sumerian Art*（New York and Toronto, 1970）.

Petrie, William M. F., 'Early Man in Egypt', *Man*, xxv（1925）, pp. 129–30.

Pollock, Susan, *Ancient Mesopotamia*（Cambridge, 1999）.

Porter, Barbara N., 'Ritual and Politics in Assyria: Neo-Assyrian Kanephoric Stelai for Babylonia', in *XAPIΣ: Essays in Honor of Sara A. Immerwahr*, ed. A. P. Chapin（Princeton, NJ, 2004）, pp. 259–74.

Porter, Robert Ker, *Travels in Georgia, Persia, Armenia, Ancient Babylon*（London, 1822）.

Postgate, Nicholas J., *Early Mesopotamia: Society and Economy at the Dawn of History*（London, 1992）.

Potts, Daniel T., *The Archaeology of Elam: Formation and Transformation of an Ancient Iranian State*（Cambridge, 1999）.

Pournelle, Jennifer R., 'Physical Geography', in *The Sumerian World*, ed. H. Crawford（London, 2012）, pp. 13–32.

Richardson, Seth, 'Before Things Worked: A "Low-power" Model of Early Mesopotamia', in *Ancient States and Infrastructural Power: Europe, Asia, and America*, ed. C. Ando and S. Richardson（Philadelphia, PA, 2017）, pp. 17–62.

Riggs, Christina, *Egypt: Lost Civilizations*（London, 2017）.

Roaf, Michael, 'Survivals and Revivals in the Art of Ancient Mesopotamia', in *Proceedings of the First International Congress on the Archaeology of the Ancient Near East*, ed. P. Mattiae et al.（Rome, 2000）,pp. 1447–62.

Rubio, Gonzalo, "On the Alleged 'Pre-Sumerian Substratum'", *Journal of Cuneiform Studies*, li（1999）, pp. 1–16.

—, 'Šulgi and the Death of Sumerian', in *Studies in Sumerian Literature*, ed. P. Michałowski and N. Veldhuis（Leiden, 2006）, pp. 167–79.

—, 'From Sumer to Babylonia: Topics in the History of Southern Mesopotamia', in *Current Issues in the History of the Ancient Near East*, ed. M. W. Chavalas（Claremont, CA, 2007）, pp. 5–51.

—, 'Sumerian Literature', in *From an Antique Land*, ed. C. S. Ehrlich（Lanham, MD, 2009）, pp. 11–76.

Said, Edward, *Orientalism*（New York, 1978）.

Sardar, Marika, 'Shah 'Abbas and the Arts of Isfahan', www.metmuseum. org, 3 October 2003.

Seymour, Michael, *Babylon: Legend, History and the Ancient City*（London and New York, 2014).

Sharp, Heather, "Iraq's 'Devastated' Marsh Arabs", http://news.bbc.co.uk, 3 March 2003.

Shilani, Hiwa, 'British Museum Hands Over Recently Plundered Artifacts to Iraq', www.kurdistan24.net, accessed 31 August 2019 .

Shklovskii, Josif S., and Carl Sagan, *Intelligent Life in the Universe* (San Francisco, CA, 1966) , p. 461 .

Simpson, St John, 'From Persepolis to Babylon and Nineveh: The Rediscovery of the Ancient Near East', in *Enlightenment: Discovering the World in the Eighteenth Century*, ed. K. Sloan (London, 2003) , pp. 192–201 .

Smith, Sidney, 'Assyriological Notes: A Babylonian Fertility Cult', *Journal of the Royal Asiatic Society of Great Britain and Ireland*, iv (1928) , pp. 849–75 .

Sołtysiak, Arkadiusz, "Physical Anthropology and the 'Sumerian Problem'".

Studies in Historical Anthropology, iv (2006) , pp. 145–58.

Stein, Gil, 'Economic Dominance, Conquest, or Interaction among Equals? Theoretical Models for Understanding Culture Contact in Early Near Eastern Complex Societies', in *Proceedings of the 4th Iranian Archaeologists Conference, Tehran University*, ed. H. Azizi, M. Khanipoor and R. Naseri (Tehran, 2014) , pp. 55–67 .

Stone, Elizabeth C., and Paul Zimansky, 'The Tapestry of Power in a Mesopotamian City', *Scientific American*, xv/1（2005）, pp. 62–7.

Tripp, Charles, *A History of Iraq*（Cambridge, 2002）.

Van Buren, Elizabeth Douglas, 'The Sacred Marriage in Early Times in Mesopotamia', *Orientalia*, xiii（1944）, pp. 1–72.

Van De Mieroop, Marc, *A History of the Ancient Near East ca. 3000–323 BC*（Malden, MA, and Oxford, 2015）.

Waddell, Laurence A., *Egyptian Civilization: Its Sumerian Origin and Real Chronology*（London, 1930）.

Weigle, Marta, 'Women as Verbal Artists: Reclaiming the Sisters of Enheduanna', *Frontiers: A Journal of Women Studies*, iii/3（1978）, pp. 1–9.

Westenholz, Joan Goodnick, *Legends of the Kings of Akkade*（Winona Lake, IN, 1997）.

Wilson, Karen, with Jacob Lauinger, Monica Louise Phillips, Benjamin Studevent-Hickman and Aage Westenholz, *Bismaya: Recovering the Lost City of Adab*（Chicago, IL, 2012）.

Winter, Irene J., 'After the Battle Is Over: The "Stele of the Vultures" and the Beginning of Historical Narrative in the Art of the Ancient Near East', *Studies in the History of Art*, xvi（1985）, pp. 11–32.

—, 'Women in Public: The Disk of Enheduanna, the Beginning of the

Office of EN-Priestess, and the Weight of Visual Evidence', in *La Femme dansle proche orient antique. Proceedings of the Rencontre Assyriologique Internationale, Paris, July, 1986*, ed. J. M. Durand（Paris, 1987）, pp. 189–201 .

—, 'Representing Abundance: A Visual Dimension of the Agrarian State', in *Settlement and Society: Essays Dedicated to Robert McCormick Adams*, ed. E. C. Stone（Los Angeles, CA, 2006）, pp. 117–38 .

—, 'The Stela and the State: Monuments and Politics in Ancient Mesopotamia', www.youtube.com, 12 December 2016 .

Woods, Christopher, 'Bilingualism, Scribal Learning, and the Death of Sumerian', in *Margins of Writing, Origins of Cultures*, ed. S. L. Sanders（Chicago, IL, 2006）, pp. 91–120 .

—, 'Sons of the Sun: The Mythological Foundations of the First Dynasty of Uruk', *Journal of Ancient Near Eastern Religions*, xii（2012）, pp. 78–96 .

Woolley, C. Leonard, *The Sumerians*（Oxford, 1928）.

—, *Ur Excavations*, vol. ii: *The Royal Cemetery*（London, 1934）.

—, *Excavations at Ur; A Record of Twelve Years' Work*（London, 1954）

Zadok, Ran, 'The Origin of the Name Shinar', *Zeitschrift für Assyriologie und Vorderasiatische Archäologie*, lxxiv/2（2009）, pp. 240–44.

Zettler, Richard, 'The University of Pennsylvania 19th Century Excavations at Nippur', www.ottomanlands.com, accessed 13 December 2018 .

致　谢

　　在这本塞满人名的书里，我要向 4 位女性学者表示感谢，她们为本书的写作提供了很多灵感。这 4 位女性学者是：阿梅莉·库特[1]、哈丽雅特·克劳福德[2]、埃莉诺·罗布森[3]和吉恩·M.埃文斯。

　　对于本书的出版方 Reaktion Books，我必须向邀请我撰写这本以苏美尔人为题的专著的编辑戴夫·沃特金斯（Dave Watkins）表示感谢，还要感谢他和玛莎·杰伊（Martha Jay）在本书的编纂过程中提供的专业性建议。

---

［1］　Amélie Kuhrt，生于 1944 年，伦敦大学近东历史学家。
［2］　Harriet Crawford，伦敦大学教授，代表作《苏美尔和苏美尔人》。
［3］　Eleanor Robson，生于 1969 年，伦敦大学中东古代史教授。

图片提供鸣谢

　　本书作者和出版方向书中所有提供原始图片或允许我们复制图片的版权持有者表示感谢。我们已竭尽所能，联系所有图片版权持有者，如果我们没能联系到您，或在图片上标注了错误的版权信息，请联系本书出版方。本书再版时，将对相关内容作出更正。

重要译名对照

阿巴丹岛	Abadan
阿拔斯大帝	Shah 'Abbas
阿贝·亨利·德·热努亚	Abby Henride Genouillac
阿卜杜勒·卡里姆·卡塞姆准将	Brigadier General Abdul al-Karim Qasim
阿卜杜勒·穆辛·萨杜恩	Muhsin Saadoon
阿布·沙赫莱因	Abu Shahrain
阿布萨拉比赫	Abu Salabikh
阿道夫·希特勒	Adolf Hitler
阿尔敏纳	Al Mina
阿佛杰	Affej
阿格拉卜土墩	Tell Agrab
阿卡德	Agade/Akkad/Akkade
阿拉伯半岛	Arabian Peninsula
阿拉伯河	Shatt al-Arab

阿勒—穆卡亚	Tell Al-Muqayyar
阿勒万德山	Mount Alvand
阿勒颇	Aleppo
阿里斯托芬	Aristophanes
阿卢利姆	Alulim
阿玛努斯山	Amanus
阿曼	Oman
阿萨德·亚欣	Arshad Yasin
亚瑟·基思爵士	Sir Arthur Keith
阿什莫林博物馆	Ashmolean Museum
阿斯马土墩	Tell Asmar
埃安娜	Eanna
埃卜拉	Ebla/Tell Mardikh
埃德加·班克斯	Edgar Banks
埃库尔	Ekur
埃里克·布鲁斯神甫	Father Eric Burrows
埃利都	Eridu
爱德华·奥克森施拉格	Edward Ochsenschlager
爱德华·萨义德	Edward Said
爱德华·辛克斯	Edward Hincks

哈拉帕	Harappa
哈马丹	Hamadan
海德公园	Hyde Park
汉娜·李维斯	Hannah Lewis
汉斯·尼尔森	Hans Nissen
赫伯特·韦尔德·布伦戴尔	Herbert Weld-Blundell
赫伯特·乔治·威尔斯	H. G. Wells
赫尔曼·希普莱西特	Hermann Hilprecht
亨利·法兰克福	Henri Frankfort
亨利·罗林森	Henry Rawlinson
亨利·摩尔	Henry Moore
霍尔萨巴德	Khorsabad
霍华德·卡特	Howard Carter
霍拉桑古道	the Great Khorasan Road
基利里	Killyleagh
基什	Kish
吉奥索法特·巴尔巴罗	Giosafat Barbaro
吉恩·M.埃文斯	Jean M. Evans
吉尔苏	the town of Girsu
吉列尔莫·阿尔加兹	Guillermo Algaze

拉格什	Lagash
拉沙德·萨利姆	Rashad Salim
拉希德·阿里·盖兰尼	Rashid Ali al-Gailani
莱昂·厄泽	Léon Heuzey
莱昂·勒格兰	Father Léon Legrain
劳伦斯·瓦德尔	Laurence Waddell
理查德·迈尔斯	Richard Miles
沥青土墩	Tell al-Muqayyar /the Mound of Pitch
琉善	Lucian of Samosata
路易斯·查尔斯·沃特林	Louis-Charles Watelin
伦纳德·哈尔福德·达德利·巴克斯顿	L. H. Dudley Buxton
罗伯特·科尔德威	Robert Koldewey
罗伯特·克尔·波特爵士	Sir Robert Ker Porter
罗伯特·麦考密克	Robert McCormick
马丁·克雷默	Martin Kramer
马尔杜克	Merodach
马克斯·马洛温	Max Mallowan
马里	Mari
玛安尼·乔瓦里	Ma'ani Jowayri
玛塔·哈丽	Mata Hari

托马斯·爱德华·劳伦斯	T. E. Lawrence，Thomas Edward Lawrence
托马斯·海德	Thomas Hyde
沃尔特·安德烈	Walter Andrae
威廉·肯尼特·洛夫特斯	William Kennett Loftus
威廉·诺克斯·达西	William Knox D'Arcy
威廉·芬尼克·威廉姆斯	William Fenwick Williams
乌尔	Ur
乌尔纳姆国王	King Ur-Namma
乌尔南塞	Ur-Nanshe
乌海米尔土墩	Tell Uhaimir
乌奎尔土墩	Tell Uqair
乌鲁克	Warka/Uruk
乌玛	Umma
乌舒姆伽勒	Ushumgal
乌图·赫伽勒	Utu-hegal
西德尼·史密斯	Sidney Smith
塞顿·劳埃德	Seton Lloyd
西帕尔	Sippar
西西里岛	Sicily

伊斯坦布尔	Istanbul
伊辛	Isin
伊泽尔	Ishchali
印嘎拉土墩	Tell Ingharra
英国东印度公司	British East India Company
朱利叶斯·乔丹	Julius Jordan
幼发拉底河	Euphrates
雨果·贝尔爵士	Sir Hugh Bell
约翰·海斯	John Hayes
约翰·庞尼特·彼得斯	John Punnett Peters
约翰·泰勒	John Taylor
约翰·休伯特·马歇尔爵士	Sir John Hubert Marshall
约瑟夫·哈雷维	Joseph Halévy
扎巴拉姆	Zabalam
扎格罗斯山脉	Zagros Mountains
朱利斯·欧佩尔特	Jules Oppert